ŒUVRES COMPLÈTES

EUGÈNE SUE.

LA
SALAMANDRE

I

PARIS
CHARLES GOSSELIN,   PÉTION, ÉDITEUR,
30, rue Jacob.   11, rue du Jardinet.

M DCCC XLV

ŒUVRES COMPLÈTES

DE

EUGÈNE SUE.

LA SALAMANDRE.

OUVRAGES DU MÊME AUTEUR.

Le Juif errant. . . . . 10 vol. in-8.
Les Mystères de Paris . . . . . 10 vol. in-8.
Mathilde. . . . . 6 vol. in-8.
Deux Histoires. . . . . 2 vol. in-8.
Le marquis de Létorière. . . . 1 vol in-8.
Deleytar. . . . . 2 vol. in-8.
Jean Cavalier . . . . 4 vol. in-8.
Le Morne au Diable. . . . . . . 2 vol. in-8.
Thérèse Dunoyer. . . . . 2 vol. in-8.
Latréaumont. . . . . 2 vol. in-8.
La Vigie de Koat-Ven . . . . . 4 vol. in-8.
Paula-Monti. . . . . 2 vol. in-8.
Le Commandeur de Malte . . . 2 vol. in-8.
Plick et Plock. . . . . 2 vol. in-8.
Atar-Gull . . . . 2 vol. in-8.
Arthur. . . . . 4 vol in-8.
La Coucaratcha. . . . . 3 vol. in-8.
La Salamandre. . . . . 2 vol. in-8.
Histoire de la Marine (*gravures*). 4 vol. in-8.

Sceaux. — Impr. de E. Dépée.

LA
SALAMANDRE

ROMAN MARITIME.

Par EUGÈNE SUE.

TOME PREMIER.

PARIS,

CHARLES GOSSELIN, | PÉTION, ÉDITEUR,
Éditeur de la Bibliothèque d'élite. | Libraire - Commissionnaire,
30, RUE JACOB. | 11, RUE DU JARDINET.

1845

RECUERDO
DELLA FLOR
D' INFIERNO
QUE TIENE CORAZON
DE CIELO.

A HORA Y SIEMPRE.

PRÉFACE.

> Quand je n'aurais d'autre preuve de l'immatérialité de l'âme que le triomphe des méchants et l'oppression des justes en ce monde, cela seul m'empêcherait de douter.
>
> Rousseau, *Émile.*

Paris, 15 janvier 1852.

Il doit y avoir, je pense, dans toute composition littéraire, deux parties bien scindées.

D'abord le drame, la fabulation, le pittoresque et le descriptif, que l'on pourrait appeler le corps de l'œuvre, ou sa partie matérialisée.

Puis, suivant la même comparaison, la donnée morale et philosophique, qui serait l'*âme*, la pensée de cette œuvre, autrement dite, sa partie spiritualisée.

Ainsi le *corps* du livre appartiendra de droit, et sans aucune restriction, à la critique, parce que l'auteur comprendra sa position d'écrivain dans toute son étendue; mais il pourra, ce me semble, défendre la question *morale* de son ouvrage.

J'insiste sur cette distinction, parce que l'on m'a reproché d'avoir, jusqu'ici, fait *systématiquement succomber la vertu et triompher le vice*.

Voici ma réponse.

J'ai toujours été convaincu qu'il y avait une autre logique à suivre que celle des drames et des romans; où d'ordinaire l'auteur anticipe sur la justice divine, et paie largement ici-bas, chacun, selon ses œuvres; inutilisant ainsi l'espoir ou la crainte des joies et des peines éternelles promises après la mort, en arrêtant le compte du bon et du méchant sur la terre, en parodiant dans ce monde un ciel et un enfer qu'il peuple à son gré, à Dieu celui-là, celui-ci à Satan.

Et j'ai vu là une profanation de cette haute pensée du christianisme qui considère cette vie comme une épreuve, comme un problème, dont il appartient à Dieu seul de donner la solution exacte.

Or cette pensée d'une juste rémunération est, à elle seule, la religion chrétienne.

Mais cette pensée toute divine, en la rapetissant, en tâchant de l'habiller à votre taille d'homme, vous la faussez : car la déduction que vous en tirez, pour l'appliquer à l'humanité, est démentie par les faits de chaque jour, de chaque heure, par le présent, par le passé, par les exemples de la vie privée ou de la vie publique.

Parce qu'au lieu de regarder à la tête du corps social, vous cherchez à ses pieds, qui plongent dans la fange ; parce que vous ne flétrissez du nom de criminel que l'assassin obscur qui tue pour vivre ou par vengeance, et qu'il est certain que la police et le bourreau seraient tôt ou tard la providence et le dieu vengeur de celui-là.

Et parce qu'arrêtant au grand jour un homme sanglant, le couteau à la main, vous le jeterez sur un échafaud, vous croirez prouver une vérité ; vous irez proclamant comme un fait vrai, moral et consolant, que le crime est puni sur la terre.

Ceci est une amère dérision, un cruel mensonge et un paradoxe bien immoral.

C'est une dérision et un mensonge : car il y a d'autres crimes bien plus véritablement *crimes,* bien plus nombreux que ceux-là, et qui n'ont pourtant jamais l'échafaud pour dénouement !

Pour ceux-là, au contraire, c'est une vie somptueuse et honorée, des louanges, des insignes, le respect des hommes, les jouissances du luxe et de l'orgueil, des réputations éclatantes, des noms qui retentissent dans la postérité.

Mais pour ceux-là aussi une punition grande, grande comme l'éternité, mais après leur mort. Car on blasphémerait la justice de Dieu, en disant qu'il frappe ici-bas.

Et, si l'on m'objecte que le tableu du crime malheureux et de la vertu heureuse sur la terre, est moral, je répondrai que non; et qu'à mon sens, de tous les paradoxes, le plus immoral, le plus faux, le plus révoltant d'égoïsme, est celui-ci : *Un bienfait n'est jamais perdu.*

Un bienfait n'est jamais perdu ! — Si, un bienfait est perdu, croyez-le, il le faut, c'est d'ailleurs facile. Considérez l'ingratitude comme le seul creuset où viennent s'épurer tant de vertus, tant de dévouements intéressés. Soyez trompé cent fois, faites du bien la cent-unième, et je vous tiendrai pour un homme vertueux pour la vertu, bienfaisant pour la bienfaisance : mais si vous comptez sur la reconnaissance, c'est un calcul, c'est de l'usure.

Car il n'y a rien de plus abject que ce placement d'une action vertueuse en viager et à intérêt. C'est faire des bonnes mœurs *une bonne affaire*.

Aussi, si les hommes ingrats devenaient jamais plus rares, on devrait en conserver précieusement le type, par but d'utilité morale, comme pierres de touche des qualités vraies ; car il y a un curieux livre à faire sur la nécessité des vices.

Montrez-moi donc, avant tout, non pas des utopies, des rêves, mais du vrai, mais ce qui est vrai, mais de ces vérités qui courent les salons et les emplois. Montrez-moi donc le vice tel qu'il est, beau, hardi, heureux, insolent, gai, voluptueux, usant sa vie et celle des autres jusqu'à la trame, vivant vieux, honoré, et descendant en paix dans un riche mausolée de marbre au bruit de l'orgue, des chants funèbres, des bénédictions et des sanglots... car il laisse une succession presque royale.

Montrez-moi donc la vertu honteuse, laide, mendiante, humiliée, méconnue, hâve et maigre, mourant de faim sur sa paille infecte, et jetée dans la fosse sans prières, sans regret et sans larmes : car la vertu ne laisse jamais de successions royales.

Alors une grande et profonde leçon jaillira de ces contrastes ; alors l'homme le plus sceptique, le plus endurci, aura une larme pour la vertu si touchante dans ses douleurs, un mépris ou une haine pour le crime, si insolemment heureux.

Alors tout ne paraîtra pas fini sur la terre ; alors l'incrédule lui-même pensera peut-être que tant de sublimes abnégations ne peuvent pas dormir du même néant que tant de crimes, et que le dénouement de ces deux existences doit se faire ailleurs que dans ce monde.

Mais si vous punissez brutalement le vice, si vous faites à chaque instant trôner la vertu, si vous remplacez Satan par le procureur du roi, on se dira : A quoi bon le ciel ou l'enfer maintenant? le compte de chacun est fait. Et qui sait ? on en viendra peut-être à plaindre le scélérat aux dépens du juste.

Peignez donc la vie sous ces couleurs : on pourra bien vous taxer de désenchantement, mais non pas d'immoralité, parce qu'avant tout le tableau sera vrai, et du vrai découle toujours une leçon morale.

Maintenant la question est de savoir si le *vrai* peut se dire.

Et voici le moment, je crois, d'attaquer cette autre vulgarité décrépite qui a pourtant force de principe :

Toute vérité n'est pas bonne à dire.

Si, si, toute vérité est bonne à dire dans

un siècle qui se vante d'être éminemment positif, prosaïque et matérialiste, dans une époque où, avant tout *on voit vrai.*

Oh! c'est que ce n'est plus le temps des naïves croyances, des convictions vertueuses, des illusions consolantes, que notre siècle fait tel que le XVIIIe siècle nous l'a légué, froid, nu, flétri et desséché.

C'est que nous avons appliqué à notre société cet ancien et énergique symbole de *l'arbre de la science;* c'est que nous avons creusé cet arbre jusqu'à ses racines les plus profondes et les plus amères.

Aussi nous *savons!* — aussi ce ne sont plus des *mots* qui nous gouvernent! — Que signifie maintenant, — monarchie et religion — croix et couronne? Nous avons pesé cela dans nos mains, nous l'avons tourné dans tous les sens, comme l'enfant qui cherche le rouage d'un jouet qui l'effraie... Et puis, quand nous avons eu ce secret, nous avons tout brisé, et dit — néant et pitié.

— Or nous avons vu vrai, le fond des choses; aussi nous disons haut et fort que ce n'est plus le temps des symboles.

Aussi autant vaut entendre une courtisane blasée parler de sa pudeur, de ses émotions, et faire la prude, que de nous entendre dire, à nous, qu'on attente à nos illusions... A nos illusions... à nous! mon Dieu!

Et pourtant on parle de cela quelquefois; on nous accuse, nous fils du XIXe siècle, d'être tristes, d'être moroses, de chercher à désenchanter l'époque...

Désenchanter l'époque! — Quelle dérision! D'ailleurs est-ce notre faute à nous, si le XVIIIe siècle nous a fait ce que nous sommes, si nous avons appris à épeler dans Voltaire et dans Dupuis, et si nous avons touché au doigt les ressorts honteux de tous les systèmes de gouvernements qui se sont succédé en moins d'un demi-siècle?

Est-ce notre faute à nous si l'imprimerie, la poudre à canon et le luthérianisme ayant, depuis le XIVe siècle, sourdement miné l'édifice social, l'explosion a eu lieu si près de nous, qu'elle nous a presque ensevelis sous ses décombres?

Est-ce notre faute à nous qui végétons au milieu des ruines d'une société tout entière? et qui, de ces débris imposants, tâchons de nous bâtir pour un jour une chétive masure comme ces Grecs modernes qui font leurs cabanes avec de la boue et les restes mutilés du Parthénon?

Est-ce notre faute si nous doutons de l'avenir, si même quelques-uns, athées en politique, ne croient pas à un monde meilleur, considérant plus que jamais le sublime rêve de la réédification du corps social sur d'autres bases, comme une admirable utopie qui est et demeurera utopie quant à notre siècle?

Car, en vérité, avec notre foi éteinte, nos croyances détruites, nos âmes usées, notre civilisation décrépite, notre égoïsme abject, nous, régénérer ! nous, fonder quelque chose ! est-ce bien logique ? Une société à sa fin, créer une société nouvelle ! revivre de soi-même !

Mais c'est, je crois, prendre la mort pour la vie, le rire sardonique et le bégaiement du vieillard qui agonise, pour le gazouillement de l'enfant qui sourit à l'existence.

Fonder ! comme s'il ne fallait pas un engrais pour nourrir le sol !... comme si les bouleversements, les invasions et le chaos du bas-empire n'avaient pas dû faire fumier pour le germe et le développement de la société chrétienne ! Et puis un poète historien l'a dit, d'abord la civilisation fut à l'Asie, puis à l'Afrique, puis à l'Europe ; maintenant c'est à l'Amérique qu'elle appartient.

Parce qu'en Amérique seulement on a pu fonder quelque chose...; car de ce sol vierge et riche, sillonné par un peuple neuf et fort, s'élève et grandit une société jeune, vivace et puissante, qui s'imposera au monde et durera bien des siècles.

Parce que cette société sera saine des deux lèpres qui ont rongé les états anciens et modernes : — *les esclaves et les prolétaires.*

Peut-être aussi une extrême civilisation use-t-elle la société comme la production poussée à l'extrême, épuise le sol, l'épuise à ce point, que la terre a besoin de demeurer en friche, et de se reposer inculte et déserte pendant de longues années.

Mais voilà qu'il me paraît maintenant impossible de descendre, sans brusque transition, de ces considérations ambitieuses, pour employer leurs conséquences, à justifier la pensée morale d'un roman frivole.

Je vais donc essayer de résumer cette longue et ennuyeuse digression.

Je pense avoir constaté que le malheur des bons sur la terre est tellement avéré, prouvé, reconnu, qu'on leur offre, par compensation, le bonheur dans le ciel ; que le bonheur des méchants ici-bas est tellement prouvé aussi, qu'on les punit de ce bonheur par l'éternité des peines.

Que donc ces faits sont, avant toute chose, — vrais.

Que maintenant reste la question de savoir si, à notre époque, une donnée morale puisée seulement dans *ce vrai,* une donnée qui, avant tout, cherche à être *vraie,* peut se produire sans danger, sans crainte de *désenchanter*.

Je répondrai que si notre société touche à sa fin, il ne peut y avoir plus de mal à essayer de lui montrer le vrai, qu'il ne peut y en avoir à dire à un homme condamné à mort : — Tu mourras.

Que d'ailleurs les symptômes de cette dissolution sociale sont, je crois, tellement écrits dans nos mœurs, dans notre littérature, dans nos arts, dans nos lois, dans notre gouvernement, que de même que la face cadavéreuse d'un mourant est plus probante que toutes les consultations du monde, de même, la société prouve plus son *état* par son *aspect*, que ne pourraient le faire tous les livres imaginables par des théories ou des exemples.

Les quelques mots qui me restent à dire n'ont trait ni au fond, ni à la forme de ce livre, mais seulement à la spécialité qu'il embrasse.

En tâchant d'introduire le premier la littérature maritime dans notre langue, j'ai dû toucher à toutes les parties de ce genre.

Non pour dire : Ceci est à moi, mais seulement pour planter un signal sur chaque rivage reconnu, afin d'y attirer l'attention de ceux qui me suivent, et de leur donner les moyens de se creuser un port, là où je n'ai peut-être rencontré qu'un écueil.

La première partie de ma tâche est donc remplie.

J'ai tenté, dans *Kernok,* de mettre en relief, de prototyper *le Pirate;*

Dans *le Gitano,* le contrebandier;

Dans *Atar-Gull,* le négrier;

Dans *la Salamandre,* le marin militaire.

Si les événements et le temps me le permettaient, mon but serait maintenant de faire mouvoir, au milieu d'événements historiques, ces hommes dont on connaît, je crois, les types principaux.

Telle serait l'*histoire maritime* dont j'ai

déjà parlé *, et qui embrasserait toute la marine française, depuis le XVIᵉ siècle jusqu'au XIXᵉ, dans une série de romans historiques, dont quelques-uns sont ébauchés.

Je dois aussi déclarer qu'en choisissant dans une classe à part le personnage qui est presque le pivot de ce livre (le marquis de Longetour), j'ai suivi, non un esprit de dénigrement et de vengeance, qui est toujours du plus mauvais goût, mais que je me suis servi d'une donnée offerte à moi, par l'*histoire*, par des *faits*.

Que, si j'ai choisi ce type dans cette classe, c'est que les événements avaient été tels, qu'en 1815, il ne pouvait physiquement se rencontrer que *là*, et que, par lui seul, je pouvais mettre en saillie, à mon avis, le plus beau des courages, le courage

---

* *Plick et Plock*. Préface de la seconde édition.

d'abnégation, d'autant plus admirable qu'il reste obscur et inconnu.

Or ce courage étant caractéristique dans notre marine, j'ai pu, ce me semble, appuyé d'ailleurs sur la vérité, sacrifier un homme pour faire ressortir tout ce qu'il y a de sublime dans le dévouement dont l'existence de nos marins offre de si fréquents exemples.

Et je n'insiste sur cette déclaration que parce qu'il n'y aurait maintenant ni justice ni courage à attaquer des gens qui ne possèdent plus dans les affaires cette influence qui avait soulevé la France contre eux, et qui ont été largement punis de leurs erreurs ou de leurs prévisions politiques.

Eugène Sue.

LIVRE PREMIER.

CHAPITRE PREMIER.

LE BUREAU DE TABAC.

> Par divers moyens on arrive à pareille fin.
> MONTAIGNE.
>
> Les mouvements les plus minutieux de sa méchante femme étaient réglés aussi juste que la meilleure montre marine fabriquée par Harisson.
> BYRON, *Don Juan.*

Vers le milieu de la rue de Grammont existait à Paris, en 1815, un bureau de tabac fort achalandé ; rien n'y manquait : on voyait à l'extérieur le long rouleau de ferblanc qui renfermait une lampe sans cesse allumée, l'énorme tabatière de buis ; et, au-dessus, une fresque de quatre pieds carrés représentant l'inévitable priseur qui, le pouce et l'index à la hauteur de ses narines dilatées, aspirait avec délices la poudre odorante.

Aussi une foule d'Allemands, de Russes, de Prussiens, de Bavarois, d'Anglais, désireux de charmer les loisirs du corps de garde, se pressaient chez M. Formon, qui leur débitait d'innocentes distractions en carottes, chiques ou cigarres.

Par un beau soir de juillet, l'air était tiède, le ciel pur, et l'atmosphère se chargeait d'une poussière épaisse qui tourbillonnait sous les pieds des chevaux; de brillants équipages se croisaient dans tous les sens, et les plumes bigarrées qui ondoyaient sur les shakos étrangers se mêlaient aux voiles et aux écharpes blanches dont toutes les femmes se paraient alors; les boulevards s'émaillaient pour ainsi dire d'une foule de cocardes aux couleurs vives et variées, sans compter les riches dolmans des Cosaques de la garde russe, le costume pittoresque des chasseurs écossais, et le sombre aspect des hussards de la mort, qui faisait encore ressortir l'élégance de ces splendides uniformes, tous étincelants de broderies et de galons.

Or, ce soir-là, le bureau de tabac de M. Formon ne désemplissait pas ; mais les habitués cherchaient en vain derrière le comptoir la bonne et longue figure du débitant. A toutes les questions qu'on lui faisait à cet égard, son commis François répondait d'un air mystérieux qui irritait encore la curiosité générale. C'était :
— Si vous ne prisez que le tabac que mon maître vous vendra désormais, vous n'éternuerez guère. A un autre militaire imberbe qui demandait à haute voix des cigarres, et des plus forts, François disait d'un air sarcastique :
— Si mon maître était ici, c'est la main au chapeau que vous l'approcheriez, au lieu de frapper sur le comptoir avec votre grand sabre (qui ne ferait pas de mal à un enfant), de frapper sur mon comptoir comme un forgeron sur son enclume ! Et cent autres propos pareils. Enfin chacun s'étonnait de la disparition de M. Formon, dont la patience et la douceur étaient généralement connues et appréciées. L'absence du débitant surprendra moins quand

on saura la scène bizarre qui se passait dans un petit appartement simple et modeste placé au-dessus du bureau de tabac, et occupé par M. Formon.

Or ce digne homme allait, venait, s'agitait au milieu de son étroit salon, tantôt s'approchait de la fenêtre pour y jeter un timide regard, tantôt revenait s'asseoir et consultait sa pendule avec inquiétude.

M. Formon pouvait avoir cinquante ans, était grand, maigre; d'épais cheveux gris couvraient son front bas et déprimé; ses yeux d'un vert clair, son menton rentré, sa bouche très éloignée de son nez court et camard donnaient à sa figure une expression de simplicité remarquable.

— Élisabeth, dit-il en s'arrêtant devant une femme d'une quarantaine d'années, qui, courbée sur une petite table, écrivait avec rapidité, Élisabeth, que pensez-vous de ce retard? presque huit heures et rien de nouveau... On aura trompé mon cousin, et j'aime autant cela.

Élisabeth fit un violent geste d'impatience,

et jetant sa plume avec vivacité : — Trompé...
trompé... Vous le désirez sans doute?

— Allons, allons, ne va pas te fâcher : ça te
fait plus de mal qu'à moi, tu le sais bien.

— Me fâcher! s'écria-t-elle, et ses petits
yeux fauves étincelaient sous les longues den-
telles d'un bonnet à barbes. Me fâcher... n'en
ai-je pas le droit? N'est-ce pas malgré votre
répugnance que j'ai tenté de vous faire rendre
une position décente? que j'ai tenté de vous
arracher à votre ignoble comptoir où vous
passeriez votre vie à vendre, sans rougir, du
virginie et du makouba.

— Chère amie, le makouba est supérieur au
virginie. Dis donc : à vendre, sans rougir, du
makouba, etc.

— Quelle turpitude! Et vous n'avez pas
honte de la bassesse de vos goûts?

— Mais non, mais non ; je me trouve bien
comme cela ; je suis au fait de tout ce qui se
passe dans le quartier où l'on m'aime assez :
car, il faut être juste, je ne fais de mal à personne, et je rends service quand je le puis;
j'ai mes petites habitudes bien douces, bien

tranquilles, mon café au lait le matin, le soir ma partie de dominos et ma bouteille de bière; jamais de soucis, mon débit me rapporte assez pour ne pas m'inquiéter de l'avenir. Ma foi! si ce n'est pas là le bonheur, où diable faut-il le chercher?... Et encore j'oublie de parler de mon excellente, de ma parfaite compagne, ajouta le bon débitant en faisant l'agréable.

L'impatience de sa parfaite compagne ne connut plus de bornes. Se levant de sa chaise avec vivacité, elle saisit son mari par le bras et le traîna presque jusqu'au fond du salon.

Là, tirant un léger voile de gaze, elle découvrit le portrait d'un officier de marine dont le costume paraissait appartenir au siècle dernier. Au-dessus du portrait, incrusté dans le cadre, brillait un riche écusson, fond de gueules avec une étoile d'azur, supporté par deux lions à queue recourbée, et surmonté d'une couronne de marquis.

— Tenez! s'écria-t-elle en poussant si rudement le malheureux Formon qu'il tomba agenouillé sur le sofa; tenez, regardez... et mourez de honte en songeant à ce que vous fûtes et à ce que vous devriez être.

Le débitant soupira en jetant les yeux sur cet antique portrait, secoua tristement la tête, essuya une larme et reprit d'un ton de reproche :

— Allons, encore ce portrait. Mon Dieu ! Élisabeth, quelle cruauté de réveiller sans cesse de tels souvenirs ! Tout ceci est fini et ne peut revenir, pas plus que l'espérance de revoir notre terre de Longetour, où j'ai passé une si heureuse jeunesse. Pauvre vieux château où j'ai serré la main mourante de mon père ! où j'ai baisé les cheveux blancs de ma bonne mère qui s'éteignit en me disant : — Albert, tu seras heureux, car tu es un bon fils. Pauvre mère, si charitable, si chère aux infortunés... Ils ont jeté tes cendres au vent, détruit ta chapelle, et notre ancien château si plein de souvenirs domestiques... Ah !...

Ici le bonhomme fit une pause, resta un instant absorbé, et reprit, en passant rapidement la main sur son front : — Bah !... bah !... Tout ceci est passé, oublié : ainsi n'en parlons plus, je t'en supplie. J'ai pris, tu le sais, Elisabeth, d'autres goûts, d'autres habitudes ; maintenant l'obscurité convient mieux à mon âge et à mon caractère. Je n'ai jamais eu d'ambition ; laisse-moi mourir ici, tranquille, en paix. Abandonne les démarches que tu as tentées : tu sais mieux que personne dans quelle pénible position tu me places, si l'on m'accorde ce que tu as demandé en mon nom et bien malgré moi.

— Mais je vous trouve encore singulier ! reprit sa femme avec un accent de colère concentrée. Est-ce donc pour vous seul que j'ai mis en jeu tant de puissantes protections que la Restauration nous a rendues? non vraiment; vous n'en valez pas la peine ; c'est pour notre nom.

— Notre nom, notre nom ! dit le débitant avec une légère nuance d'impatience ; notre nom !... Tu peux bien dire mon nom. Et si je renonce volontairement à mon titre, tu peux bien y renoncer aussi, car enfin... toi qui es si fière...

—Eh bien ! achevez donc, Monsieur, achevez.

— Eh bien ! je ne te dis pas cela pour te fâcher, puisque tu es l'épouse de mon cœur..., de mon choix ; mais enfin, ton père était... était... frangier, drapier, rue aux Ours.

Quoique cette dernière partie de sa phrase fut prononcée presque inintelligiblement par le débitant, je ne sais pourtant ce qui fût arrivé, à voir les éclairs que lançaient les yeux d'Élisabeth, si François n'eût interrompu ce dangereux dialogue.

—Madame..., Madame..., dit-il en entrant, voici un paquet qu'un gendarme vient d'apporter. Et il présenta à sa maîtresse une volumineuse dépêche ministérielle scellée de trois cachets.

— Donnez, et sortez, dit Élisabeth d'une voix impérieuse ; puis elle rompit précipitamment l'enveloppe, tandis que son mari la regardait avec autant d'anxiété qu'un patient qui attend son arrêt.

—Bravo ! s'écria-t-elle avec transport, après avoir lu. On ne m'avait pas trompée, on m'a tenu parole. Et s'avançant vers son mari : — M. Formon, marquis de Longetour, nous pouvons enfin reprendre notre titre.

— Notre titre! dit le marquis entre ses dents.

— Grâce à la puissante protection de notre famille.

— Notre famille! soupira encore le débitant.

— Grâce à notre famille, le grade de capitaine de frégate vous est accordé; car le temps que vous avez passé en émigration et dans votre ignoble comptoir, ce temps vous compte comme service effectif. De plus, on vous nomme au commandement d'une corvette de guerre, et vous êtes chargé d'une mission importante! Lisez...

Le marquis demeurait stupide et ébahi. Enfin il s'écria :

— Allons donc, Élisabeth! une corvette! une corvette de guerre à moi qui n'ai pas navigué depuis vingt ans, à moi qui, avant la révolution, n'ai fait qu'une traversée de Rochefort à Bayonne... Mais c'est absurde! Que le diable vous emporte..., car vous êtes la femme la plus folle que je connaisse, dit enfin le marquis exaspéré. — Je refuse le commandement, ajouta-t-il en jetant la dépêche sur la table.

— Vous le re-fu-sez, articula sourdement la marquise en faisant sentir à son mari la pointe de ses ongles aigus. — Vous le re-fu-sez..., répéta-t-elle. Non, non, je ne crois pas ! Et, tenant toujours le bras de son mari serré dans sa main sèche et osseuse, elle sourit d'un air vraiment diabolique.

Et le pauvre Formon, vaincu par son habitude de soumission, par la peur que lui inspirait sa femme, murmura à voix basse :

— Allons, allons ! j'accepte, Elisabeth...

— C'est bien. Maintenant, signez cette lettre de remerciements, écrite d'avance au ministre.

— Ainsi, Élisabeth, tu le veux décidément. Songe bien que...

— Signez.

— Je suis perdu ! s'écria-t-il avec douleur, en jetant la plume.

Enfin, dit la marquise, nous allons reprendre

un rang que nous n'aurions jamais dû quitter. Suivez-moi, marquis.

— Adieu, adieu le temps le plus heureux de ma vie ! dit tristement l'ex-débitant en suivant les pas de sa femme.

Un mois après, le marquis de Longetour partit pour Toulon, afin de prendre son commandement.

Et voilà comment M. Formon ne vendit plus ni chiques ni cigares.

CHAPITRE II.

SAINT-TROPEZ.

> Tu veux voler, et crains le vertige. Est-ce nous qui nous sommes jetés à ta tête, ou toi à la nôtre?
>
> GŒTHE, *Faust.*

Lève-toi, lève-toi, beau soleil de Provence; lève-toi. Déjà l'Elbe se découpe en bleu sur cette nappe resplendissante de clarté dont tu inondes l'horizon... Lève-toi. Viens couvrir d'un voile de pourpre et de lumière les hautes montagnes de la Corse, et dorer les eaux paresseuses qui baignent le golfe de Fréjus.

Mais tes rayons ont déjà dissipé les tremblantes et fraîches vapeurs qui couraient sur la mer pour s'élancer vers toi...

Vers toi, doux soleil qui nous apportes d'Italie la chaleur et la volupté! Aussi la Provence vaut l'Italie. Voyez là-bas ces masses verdoyantes, couvertes d'une neige de fleurs à corolles d'or, qui épandent de si doux parfums; ces maisons blanches aux toits rouges, ces terrains calcinés. Ne dirait-on pas une villa de Toscane? Et pourtant c'est Hyères, la fertile Hyères, qui aime à voir ses beaux orangers et ses ravissantes bastides se réfléchir dans les eaux bleues de la Méditerranée.

Oh! nos Provençales, qui serrent leur épais cheveux sous les mailles soyeuses d'une résille verte, qui cachent leurs gorges brunes et dorées dans un étroit corset noir à festons rouges...; nos Provençales valent bien les Italiennes de l'Arno.

Nos filles de Provence ont aussi le soir leurs danses au bord de la mer, leurs danses vives, animées et lascives. Le soir aussi, quand la lune argente les bois de myrtes, la brise embaumée se tait quelquefois pour laisser bruire d'ardents baisers, de tendres frissonnements entrecoupés de silences... qui font rêver et tressaillir.

Mais déjà le soleil, tombant d'aplomb sur les toits bruns de Saint-Tropez, découpe de larges ombres sur les rochers de quartz, de granit et de porphyre qui encadrent le golfe de Grimaud, à la pointe duquel est creusé ce petit port.

Toutes les facettes brillantes de ces roches de mille couleurs s'éclairent tour à tour. Les cassures cristallisées des granactites, des staurides, scintillent, flamboient, étincellent en reflets roses, bleus, verts, nacrés, chatoyants...

Et puis le sable est tellement mêlé de quartz et de mica, que la côte paraît semée d'une poussière d'argent, et sert de franges aux larmes transparentes et dorées qui s'y déroulent.

Tranquille et vieux port de Saint-Tropez! patrie d'un brave amiral, du noble Suffren, il ne te reste plus de ton ancienne splendeur que ces deux tours, rougies par un soleil ardent, crevassées, ruinées, mais parées de vertes couronnes de lierre et de guirlandes de convolvulus à fleurs bleues...

Que de fois les Sarrasins maudits, bravant la protection des comtes de Provence, ont fait échouer leurs sacolèves au pied de ton môle, leurs sacolèves qu'ils venaient charger de ces jeunes Provençales toujours si recherchées aux bazars de Smyrne et de Tunis!

Pauvres jeunes filles de Saint-Tropez! pour vous plus d'espoir d'être arrachées à vos familles en pleurs, enlevées par quelque maudit pirate, et déposées palpitantes, mais curieuses, sous les riches portiques du palais d'un émir.

Plus d'espoir de quitter vos chaumières de briques, vos nattes de joncs, l'eau salée de la mer, pour les bains parfumés sous les sycomores, les tapis de cachemire, et les coupoles élégantes aux peintures mauresques!

Bonnes filles, que je conçois vos naïfs regrets!... Au moins autrefois on attendait avec espoir la saison de l'enlèvement; car enfin, c'était un avenir que cette venue de pirates.

Et toi aussi, l'on peut te plaindre, pauvre port de Saint-Tropez! car ce ne sont plus de ces fringants navires aux banderoles écarlates qui mouillent dans tes eaux désertes; non, c'est quelquefois un lourd bateau marchand, un maigre mystik ; et si, par hasard, une mince goëlette, au corsage étroit et serré comme une abeille, vient s'abattre à l'abri de ton môle, tout le bourg est en émoi.

Et, par la sainte couronne de la Vierge ! il était en émoi, je vous le jure, le 17 juin 1845, car le navire qui se balançait dans la rade n'était :

— Ni une *Tartane* aux voiles latines,

— Ni un *Both* avec ses deux focs légers et flottants comme le fichu d'une femme,

— Ni un *Dogre* avec son hunier immense,

— Ni une *Mulette* aux sept voiles triangulaires,

— Ni une *Gondole* vénitienne blanche et or, avec des rideaux de pourpre,

— Ni un *Heu* qui déploie ses deux vastes antennes comme les ailes du Léviathan,

— Ni un *Padouan* fier de sa voilure étagée en damier.

Ce n'était enfin

— Ni un *Prahau-plary* de Macassar,

— Ni un *Balour* des îles de la Sonde,

— Ni un *Piahap* du Magellan,

— Ni un *Gros-bois* des Antilles,
— Ni un *Yacht* anglais,
— Ni un *Catimarou,*
— Ni une *Hourque,*
— Ni une *Palme,*
— Ni une *Prame,*
— Ni une *Biscayenne,*
— Ni une *Bécasse,*
— Ni un *Mulet,*
— Ni une *Balancelle,*
— Ni une *Chelingue,*
— Ni un *Champan,*
— Ni un *Houari,*
— Ni un *Dinga,*
— Ni une *Prague,*
— Ni une *Cague,*
— Ni une *Yole,*
— Ni... Enfin, c'était... c'était...
— La Salamandre !

CHAPITRE III.

LA SALAMANDRE.

> . . . . Victoria nulla est,
> Quam quæ confessos animo quoque subigat hostes.
> CLAUDIAN, *De sexto consulatu Honorii*, v. 248-249.

> Drôle! combien de diables as-tu à ta solde?
> SCHILLER, *Fiesque*.

La Salamandre!... Joli nom, élégant, coquet, expressif, coquet, élégant comme cette toute gracieuse corvette, si leste, si preste, si fine de formes, si carrée de voilure, si élancée de mâture!

Vive, vive comme un poisson, soumise, obéissante au gouvernail, à virer de bord dans un bassin! La chargeait-on de voiles jusqu'aux royales? souple et alerte, inclinant ses hautes flèches qui pliaient comme des roseaux, elle volait sur les lames avec la rapidité d'une mouette.

Et ce n'était pas seulement un navire de parade et de course, non, cordieu! non; à peine le vent déroulait-il les plis d'un pavillon rival, qu'elle parlait haut et longtemps, fort et loin.

Aussi, ai-je dit que son nom était expressif.

Expressif, oui! Si vous l'aviez vue, cette fière corvette, en 1813, tonnante, furieuse, échevelée, ses manœuvres au vent, bondir avec ivresse au milieu des éclairs qui jaillissaient de ses trente caronades de bronze!

A ces torrents de flamme, à cette lave de boulets et de mitrailles qu'elle vomissait de sa batterie, on eût dit le cratère embrasé d'un volcan, ou un lac de feu dont elle était la véritable *Salamandre*.

Oh! si vous l'aviez vue, la mauvaise, mordre une frégate anglaise avec ses grappins d'abordage, ses grappins rouges et brûlants, tant les bordées étaient vives et nourries!

Dans cet effrayant combat, elle se montra digne de son nom; engagée à la frégate, elle fit feu une dernière fois, feu de si près que les canonniers des deux navires se brisaient la tête à coups de refouloirs s'arrachaient les anspeks, et se poignardaient d'un pont à l'autre.

Trois fois les grappins cassèrent, trois fois elle aborda l'anglais, acharné comme elle, intrépide comme elle !

Puis, le feu prit à bord de la corvette... le feu qui se croise, qui s'allonge, qui se tord, qui grimpe aux cordages, qui siffle dans les voiles, qui étreint les mâts dans sa spirale brûlante. Le feu ! le feu ! on ne s'en aperçut seulement pas à bord, on ne pensait qu'à couler l'anglais. D'ailleurs, pas d'explosion à craindre : il ne restait pas un grain de poudre dans la saintebarbe. On en use, allez ! en sept heures de combat, quand une volée n'attend pas l'autre !

Intrépide *Salamandre !* le feu la rongeait jusqu'à ses œuvres vives, et la mer la soulevait; et elle flambait toujours, ménageant sa dernière volée, comme un prodigue ménage sa dernière pièce d'or, attendant l'occasion d'écraser l'anglais.

Enfin, enfin ! l'ennemi présente la poupe; *la Salamandre* rugit, le canon tonne, le fer pleut....Hourra!... coulé.... hourra!... coulé... plus d'Anglais.

Hourra ! Une traînée de cadavres qui tournoya dans le remou que fit la frégate en s'engloutissant ; des débris de gréement et de mâture...

Et puis ce fut tout.

Alors on songea à éteindre l'incendie, et on y parvint.

Oh ! qu'ainsi elle était changée, ma brave et digne *Salamandre !*

Elle ne dressait plus insolemment ses mâts, elle n'étalait plus avec complaisance un gréement lisse et peigné comme une chevelure de femme ; ce n'était plus sa batterie étincelante, ses peintures de mille couleurs, qui couraient sur sa poupe, se croisaient, se déroulaient en merveilleux arabesques !

Non, ce n'était plus cela.

Toute brûlée, déchiquetée, trouée par la mitraille, rougie par le sang, noircie par la poudre, fumante, coulant bas d'eau, elle regagna le port, la vaillante, avec son lambeau tricolore cloué à sa poupe ! Car des mâts, ah !

oui, des mâts, il n'en restait pas plus que sur un ponton. Et les manœuvres retombaient brisées sur les préceintes sillonnées par mille éclats, mille boulets!

Et pourtant que ce négligé lui allait bien, à la coquette!

Ainsi quelquefois vous voyez au bal une vive et folle jeune fille, aux yeux brillants, à la peau vermeille et veloutée; une gaze transparente minutieusement arrêtée entoure sa jolie taille; ses cheveux parfumés sont symétriquement arrondis en boucles luisantes; sa ceinture et son écharpe sont régulièrement posées; on compterait les plis de sa collerette; et puis, en elle tout est joie et délire, délire et joie d'enfant qui rit, et rit encore, emportée par la walse bondissante.

Cette gaîté, cette symétrie de toilette plaisent, je veux bien; pourtant, oh! je trouverais pourtant moins d'élégance, mais plus de charmes dans cette ceinture froissée, dans cette écharpe tombante, cette chevelure dénouée; oh! plus de charmes dans une légère pâleur, dans une douce tristesse, dans ce regard devenu languissant et voilé. Oh! plus de charmes dans tout ce ravissant désordre qui prouve enfin...... que *la Salamandre* était mille fois plus pittoresque, plus poétique, plus enivrante après le combat.

Aussi les vingt hommes qui seuls, quoique blessés, restèrent en état de la remorquer, la conduisirent avec amour et respect dans la rade de Toulon pour la radouber.

C'était vraiment conscience de réparer un bâtiment dans cet état depuis la guibre jusqu'au gouvernail : ce n'était qu'une plaie, qu'un trou.

Mais il s'était fait monument; mais c'était toujours LA SALAMANDRE,

Mais, à moins d'être lâche comme un espion, on devenait brave en mettant le pied sur *la Salamandre :* car on y respirait je ne sais quel parfum de goudron, quelle bonne odeur de vieille poudre brûlée qui faisait noblement battre le cœur!

Mais ces planches cicatrisées, ces canons mâchés par les boulets; ce pont, noir du sang qui l'avait pénétré... Tout cela avait une voix, une forte et puissante voix qui disait une des glorieuses pages de nos guerres maritimes. Mordieu, oui! ceux qui, ayant passé par ce baptême de feu, restaient de l'ancien équipage, pouvaient, je vous le jure, initier les novices.

Aussi la Restauration trouva *la Salamandre* rétablie, hautaine, fringante et prête à mordre.

Oh! elle savait bien, l'insolente, qu'elle avait dans ses flancs cent vingt braves matelots, entre autres dix-neuf restant de l'ancien équipage, et que l'on désignait à bord sous le nom de *Flambarts*. Ajoutez à cela une centaine de marins de l'ex-garde impériale, et vous aurez une idée des compagnons d'élite qui montaient ce hardi navire.

Il fallait voir ces bonnes figures brunies, tannées, cicatrisées, basanées, des têtes de fer, des épaules d'Hercule et des cœurs d'enfants, intrépides et insouciants, téméraires et bons.

Mais ces diables de marins, quoiqu'ils sussent que Bonaparte n'aimait pas la marine, ils l'avaient vu dans cette désastreuse campagne de Russie, qu'ils avaient aussi faite! Ils l'avaient vu partager son pain, ses vêtements avec ses soldats, et ils l'avaient aimé; parce qu'ils trouvaient en lui ce qui était en eux, courage et bonté.

Or, en 1815, dès qu'ils surent et les affaires de Rochefort et la noble et belle proposition du brave commandant Collet, et le passage de l'empereur à bord du *Bellérophon*, ils pleurèrent de rage et devinrent sombres et farouches.

Puis, apprenant les sanglantes réactions du midi, ils murmurèrent. Quelques rixes eurent lieu avec les habitants de Toulon; enfin, pour éviter de nouvelles querelles, on envoya la corvette attendre le moment du départ dans le port de Saint-Tropez.

Pauvre chère corvette, elle quitta la rade non plus comme autrefois, ses canons sortis, ses manœuvres tendues, fougueuse, impatiente, dressant au plus haut mât son glorieux pavillon, comme un gage de défi.

Non, mordieu! elle sortit triste et comme

honteuse, presque sans artillerie, armée en flûte.

Ils me l'avaient châtrée, les misérables! Il ne lui restait plus que son nom, qui faisait encore tressaillir les Anglais; il ne lui restait que son équipage de flambarts et de marins de l'ex-garde tristes et mornes comme elle.

Or ce bâtiment sombre et chagrin, qui s'ennuie tout seul dans le port de Saint-Tropez, c'est elle, c'est *la Salamandre*, que le soleil éclaire de ses premiers rayons.

CHAPITRE IV.

PIERRE HUET.

> Vous êtes un polisson !—Parlons d'autre chose. Depuis que nous parlons, j'ai une question sur les lèvres.
> **Diderot.**

> Le proufit de l'un est le dommage de l'aultre.
> **Montaigne.**

Dès que le soleil parut au-dessus de l'horizon, on battit au drapeau et on hissa le pavillon.

Noble et saint usage. — N'y a-t-il pas quelque chose de grand, de poétique, à confondre cette idée de soleil qui se lève, et d'étendard qui monte..., salué par les premiers feux du jour ?

Puis, un coup de sifflet, long, aigu, saccadé, retentit, et les matelots vinrent un à un, pieds nus, munis de brosses, de grès, de sable, et commencèrent à polir, gratter, nettoyer le pont de la corvette, qui bientôt fut blanc et uni comme du marbre.

Un officier enveloppé d'une vaste houppelande bleue, et coiffé d'un bonnet à franges d'or, monta sur le pont et fut s'asseoir près du couronnement.

Arrivé là, il ôta son bonnet, et le soleil éclaira une figure brune vigoureusement arrêtée. Il paraissait avoir quarante ans; ses traits, sans être beaux, exprimaient un caractère de franchise et de courage qui plaisait tout d'abord; seulement, les mouvements d'une impatience mal contenue prouvaient qu'il n'était pas dans son état ordinaire. Tantôt il marchait à pas précipités, tantôt il s'asseyait, et l'on n'entendait que ces mots prononcés à voix basse — Diable d'enfant!... maudit enfant!

Un nouveau personnage parut sur le pont. C'était un petit homme gros, lourd, à cheveux blonds fades, qui portait des lunettes vertes sur un long nez, une casquette et une redingote grise.

— Bonjour à notre cher lieutenant, dit le petit gros homme.

— Ah! bonjour, commissaire, répondit l'officier fort préoccupé.

Et les gens les moins physionomistes du monde auraient pu lire sur sa noble et impressionnable figure qu'il ne voyait pas le commissaire avec plaisir. L'entretien continua cependant.

— Voilà un beau temps, mon cher lieutenant, un soleil à éblouir.

— En effet, il fait très beau.

Après une pause de quelques minutes, le lieutenant rompit le silence. — Commissaire, dit-il, je suis le seul officier de *la Salamandre* qui soit resté de l'ancien état-major (ici il soupira) et l'équipage, que je n'ai pas quitté depuis onze ans, me demande chaque jour la solde arriérée qu'on lui doit. Ne pourriez-vous pas écrire à Toulon à ce sujet?

—Mon cher lieutenant, vos souhaits ont été prévus. J'ai reçu hier les mandats et les fonds, et je compte faire aujourd'hui la paie.

—Allons! vous êtes un brave, commissaire,

et mes matelots apprendront cette nouvelle avec joie. Pauvres gens..., qu'on les paie, au moins... Ils l'ont bien gagné. Et puisqu'on nous chasse...

—Permettez, lieutenant : on ne vous chasse pas, mais cet équipage m'a l'air un peu...

— Un peu quoi ?

— Non..., non..., je ne dis pas ça ; mais on pourrait penser que...

— Penser quoi ?

— Mon, non, vous ne me comprenez pas... Mais ils paraissent regretter un ordre de choses qui n'est plus, et ils ont tort...

—Brisons là, commissaire. Dites-moi : avez-vous vu mon fils aller à terre ?

Et la figure de l'officier prit une expression de tristesse, car cette question parut lui être péniblement échappée.

— Qui? M. Paul?

— Oui, oui, mon fils.

— Non, mon cher lieutenant; je le croyais à bord. Est-ce qu'il n'y est pas?

— Non, et son absence m'inquiète, car il

est à terre sans ma permission ; je le punirai comme père et comme officier.

— Mais êtes-vous bien sûr, au moins ?...

— Très sûr ! répondit l'officier avec impatience. — Imbécile ! pensa-t-il en lui-même ; comme si l'inquiétude d'un père pouvait laisser exister un doute.

— Mais, reprit le commissaire, voilà M. de Merval qui pourra peut-être vous en dire davantage.

— Il suffit, Monsieur ; je n'ai pas besoin de mettre tout le bord dans ma confidence.

Le nouveau venu était un jeune enseigne, blond, joli, frais, élégant ; et quoiqu'il fût encore de très bonne heure, son uniforme était boutonné serré avec un soin minutieux ; ses épaulettes neuves étincelaient au soleil, et un charmant poignard à manche de nacre pendait à un cordon de soie noire à coulants d'or.

Quand il ôta son chapeau ciré pour saluer le lieutenant, on vit une épaisse chevelure blonde peignée, bouclée, qui eût fait honneur à une femme.

—*How do you do*, dit-il en riant à l'officier.

— Très bien, mon cher Merval! Mais que diable d'habitude avez-vous toujours de m'aborder en parlant anglais? Cette langue-là, voyez-vous, jeune homme, ne me va pas!

— Ce cher lieutenant, une vieille rancune de guerre... bah! bah! vous avez tort. Je les ai, Dieu merci, assez vus, et je puis vous assurer qu'ils sont bons diables.

— Et fameux marins, fameux marins! dit le commissaire; marins à nous en revendre. Ah! ah!

Le lieutenant lui jeta un coup-d'œil méprisant, rougit et ne répondit pas.

— Oui, mon cher commissaire; mais sous ce rapport-là, vous les valez, c'est-à-dire, nous les valons! dit l'enseigne. Le lieutenant s'était brusquement écarté après la sotte phrase du commissaire.

— Je n'y tiens plus, il faut que j'envoie à terre. Ah! mon fils!... mon fils!... s'écria-t-il. Puis se retournant vers un timonier : — Appelez maître La Joie!

— Cinq minutes après on vit poindre, s'élever

et grandir une longue figure à l'ouverture du petit panneau.

Puis cette figure s'avança à deux pas du lieutenant, ôta son bonnet de laine, prit son long sifflet d'argent, l'approcha de ses lèvres prêtes à s'y coller, et attendit.

C'était maître La Joie, un ancien de *la Salamandre*, un flambart, oh! un pur flambart!

Il est impossible de se figurer quelque chose de plus triste, de plus morose, de plus rechigné, de plus laid que cette figure, jaune, osseuse, flétrie, chauve, maigre et anguleuse.

— Avance ici! dit le lieutenant.

La grande figure avança d'un pas.

— Plus près, donc!

Il avança à toucher le lieutenant, qui lui parla un instant à l'oreille.

La Joie fit un signe de tête expressif, remit son bonnet, ne dit pas un mot, mais fit résonner un bruit aigu et modulé, qui dans la langue nautique signifie : — En barque les canotiers du canot major. —

Cinq minutes après, ni plus ni moins, les douze hommes qui composaient l'équipage de cette embarcation étaient debout, les avirons levés, à babord de la corvette.

Maître La Joie y descendit, s'assit à babord du canot, après avoir respectueusement relevé les housses de drap bleu fleurdelisées qui le couvraient, et siffla un coup, les avirons tombèrent à la fois, fendirent les lames; on n'entendit qu'un bruit... et pas une goutte d'eau ne jaillit.

Il siffla encore, et les avirons entamèrent les vagues d'un seul mouvement avec une cadence, une harmonie telles, qu'on eût cru ces douze rames mises en mouvement par une même machine.

Puis, La Joie, qui était à la barre, mit le cap sur le débarcadère du port, et disparut bientôt derrière le môle.

LIVRE II.

CHAPITRE V.

L'ÉTAT-MAJOR.

> On avale à pleine gorgée le mensonge qui nous flatte, et l'on boit goutte à goutte une vérité qui nous est amère.
> DIDEROT.
>
> Nos actions sont comme les bouts rimés, que chacun fait rapporter à ce qu'il lui plaît.
> On ne devrait s'étonner que de pouvoir encore s'étonner.
> LAROCHEFOUCAULD, *Maximes*

Le maître-d'hôtel ayant annoncé que le déjeuner était servi, le commissaire, le lieutenant et l'enseigne descendirent dans le carré, où ils trouvèrent déjà attablé le docteur du bord, homme d'une cinquantaine d'années, coloré, vigoureux, à cheveux gris, épais et crépus.

— Que le diable te berce, Pierre ! dit le docteur au lieutenant; voilà une heure que le déjeuner attend : ce sera froid, et notre cuisinier provençal dira qu'il n'y peut rien.

— Nous voici, bon docteur, nous voici.

— Calme-toi, dit le lieutenant en prenant la place d'honneur au haut bout de la table.

Pendant quelques instants, on n'entendit que le bruit des fourchettes et des assiettes. Le docteur l'interrompit.

— Dis donc, Pierre : sait-on quand enfin arrive notre nouveau commandant? Oh! c'est qu'il faut un rude compagnon pour conduire cette barque-là ! l'équipage est solide, mais tapageur en diable. Ça aime la terre, c'est passé au feu et à l'eau, des démons incarnés, mais bons, mais braves, et qu'il faut conduire comme tu les conduis, Pierre, avec une barre de fer ! Pourtant que je sois pendu si j'y conçois quelque chose ! car ils se feraient hacher tous pour toi jusqu'au dernier. Enfin, j'espère qu'on aura choisi pour les commander quelqu'un de ces vieux marins froids, durs et inflexibles, d'une volonté inébranlable dans le service, mais humains et commodes dans les autres relations... Et sais-tu quel est le commandant, dis, Pierre? Sais-tu d'où il sort, comment il se nomme?

— On m'a dit son nom, répondit le lieutenant avec indifférence : C'est le baron,.. ou le marquis... ou le comte de *Longetour*... Marquis, je crois. Et en vérité je m'y perds avec leurs damnés titres, car c'est aussi bête que si l'on disait : le chevalier mât d'hune ou la comtesse la grand'voile... Mais pardon, pardon ! Merval, dit le lieutenant en tendant la main au jeune enseigne avec cordialité ; j'oubliais que vous étiez... comte, je crois...

L'expression pénible qui avait un instant rembruni la figure de l'enseigne disparut, et il serra la main que Pierre lui offrait. — Je suis enseigne de vaisseau à bord de la *Salamandre,* et fier d'être sous les ordres d'un brave tel que vous, lieutenant.

— Monsieur est comte en effet, reprit le commissaire ; je l'ai sur mon rôle du bord. Egbert-Dieudonné-Vincent-Beaunair, comte. pardieu! comte de Merval... comte y est bien.

— C'est bon, c'est bon, commissaire, dit l'enseigne eu rougissant, je sais mon nom.

— Oui, Monsieur ; mais vous êtes comte, c'est un beau titre. Je voudrais bien être comte, moi ! Et vous, docteur ?

— Taisez-vous donc, commissaire, dit le docteur ; vous êtes bête comme une oie.

— Hein... comment ! dit le gros petit homme qui devint rouge comme une pomme d'api.

— Je dis bête comme une oie, reprit imperturbablement le docteur en le regardant entre les deux yeux.

— Allons, allons, ne vous fâchez pas, dit le lieutenant en souriant. Vous savez, commissaire, que le docteur a son franc parler ; il y a vingt-trois ans que je le connais ainsi, et vous ne le changerez pas.

— Non, pardieu, pas ! dit le docteur. Tel que vous me voyez, jeune homme, j'ai dit à l'amiral *** qu'il s'était conduit comme un polisson devant l'ennemi ; qu'il avait fait hacher un tas de braves gens par sa lâcheté ! Et je ne le sais malheureusement que trop bien, puisque, blessé moi-même, je les ai pansés, soignés, amputés comme mes propres enfants. Ainsi vous voyez bien, commissaire, que je puis vous dire que vous êtes bête comme une oie, puisque j'ai dit à un amiral qu'il était un polisson.

— Allons, assez, docteur, dit Pierre prenant pitié du commissaire qui paraissait assis sur des charbons ardents.

— Mais dites donc, commissaire, reprit le docteur : je ne vous en veux pas pour ça, au moins. Touchez là. Vous vous y ferez. Une campagne ensemble et vous verrez que le vieux Garnier est un bon matelot ; mais il faut qu'il lâche tout ce qui lui barbouille le cœur ; ce que je vous ai dit, voyez-vous, il fallait que ça fût dit.

— Et ce nouveau commandant a-t-il de beaux combats? demanda le jeune enseigne.

— Ma foi! dit Pierre, je ne les connais pas. Longetour!... connais-tu ça, toi docteur, Longetour?

— Pas plus que le poisson dont voici la queue. Et vous, Merval? demanda le docteur à l'enseigne.

— Je ne le connais pas non plus.

— Ce serait pourtant dommage de gaspiller un tel équipage ; il y a tant à faire avec ces gens-là, quand on sait les conduire. Mais je suis tranquille : on connaît *la Salamandre,* et on ne nous enverra qu'un loup de mer.

— Mais à propos, reprit le docteur en s'appuyant sur la table et traçant des losanges sur le fond de son assiette avec son couteau, et vous, Merval, où avez-vous servi ? Sortez-vous des écoles de Toulon ou de Brest ?

— Monsieur, dit l'enseigne, ma famille n'a jamais quitté ses souverains légitimes, et j'ai suivi ma famille.

— Ah ! j'entends, vous avez servi aux Anglais. Jeune homme, ce n'est pas beau, dit le docteur en secouant la tête.

— Monsieur ! Monsieur ! dit l'enseigne en pâlissant.

— Je dis que ce n'est pas beau, reprit le docteur en continuant ses losanges.

Cet incident réveilla Pierre qui semblait absorbé. — Allons, Messieurs !

—Monsieur m'insulte, dit le bouillant jeune homme.

— Merval! Merval! dit le lieutenant.

— Je vous dis que ce n'est pas beau de servir les Anglais. Voilà tout.

— Vous me rendrez raison, et tout à l'heure! s'écria l'enseigne en se levant de table.

— Oh! oh! oh! dit le docteur sans abandonner ses losanges, oh! voilà bientôt vingt-cinq ans que le vieux Garnier navigue, et ce n'est pas un enfant qui lui fera peur. Jeune homme, depuis Trafalgar j'ai vu bien des combats, j'ai été blessé cinq fois, ce qui m'a valu ce bout de ruban rouge. Mon ami Pierre, que voilà, vous dira si je crains de panser un de mes matelots sous le feu. Mais je ne me bats pas pour des misères. Et puis, voyez-vous? je dois compte de ma vie à ces pauvres marins que je soigne depuis onze ans; ce sont mes enfants à moi; ils ont confiance en moi, ils trouvent toujours le vieux Garnier quand ils souffrent. Je ne m'appartiens plus, demandez-leur plutôt. Tenez, je ne vous en veux pas, touchez là. Seulement vous avez servi les Anglais; à mon avis, vous avez eu tort, ce n'est pas beau et voilà tout.

— Merval, dit le lieutenant, je vous en prie, je vous ordonne de m'écouter.

A force de raisons, bonnes ou mauvaises, on calma l'enseigne, qui, plein de bonnes qualités, était loyal, brave et peu rancunier ; le premier il tendit la main au docteur.

— Je vous ai dit ce que je pensais, répondit celui-ci en lui serrant cordialement la main ; maintenant nous naviguerions cent ans ensemble, voyez-vous? que je n'en ouvrirais pas la bouche ; mais il fallait que ce fût dit.

Un pilotin descendit, et s'adressant au lieutenant : — Lieutenant, voilà le canot-major qui accoste. M. Paul est à bord.

— Enfin ! dit le lieutenant. Dites à M. Paul de se rendre dans ma chambre, et faites désarmer le canot.

Et Pierre Huet donnant l'exemple, on se leva de table.

— Vous n'oublierez pas la paie de nos hommes, dit-il au commissaire.

— A midi je commencerai, lieutenant, vous pouvez en donner l'avis.

— Cela suffit, dit Pierre Huet, et il monta dans la batterie ; car, en l'absence du commandant qu'on attendait, il occupait l'appartement de cet officier supérieur.

— Je vous trouve enfin, Monsieur, c'est fort heureux, dit-il en ouvrant la porte de la galerie où l'aspirant attendait.

CHAPITRE VI.

L'ASPIRANT.

Que tu sais bien dorer ton magique lointain !
Qu'il est beau, l'horizon de ton riant matin,
Quand le premier amour et la fraîche espérance
Nous entr'ouvre l'espace où notre âme s'élance,
N'emportant avec soi qu'innocence et beauté,
Et que d'un seul objet notre cœur enchanté,
Dit comme Roméo :—Non ! ce n'est pas l'aurore !
Aimons toujours : l'oiseau ne chante pas encore.
Tout le bonheur de l'homme est dans ce seul instant.
Le sentier de nos jours n'est vert qu'en le montant.
  ALPHONSE DE LAMARTINE, *Novissima Verba.*

 Ainsi, à la vue des souffrances de la mort, s'épure, comme dans un feu, l'âme chrétienne; ainsi elle se dépouille de ce qu'il y a de terrestre et de trop sensible, même dans les affections les plus innocentes.
  BOSSUET, *Oraisons funèbres.*

Mais un mot sur lui, sur cet enfant ! Car à peine avait-il seize ans... et toutes les illusions de cet âge. Illusions si bonnes, si naïves, si fraîches, si poétiques ! — Il avait un de ces cœurs vierges et candides si pleins de nobles croyances, qu'au récit d'une belle action ou d'une courageuse infortune il pleurait..., il pleurait de joie ou de pitié.

C'est que là existait une sève puissante de jeunesse et de conviction, c'est que cette âme tendre et pure encore, croyait à tout, admirait tout.

Pour cette âme la vie était un prisme éblouissant, coloré de ses vagues désirs d'amour, de fortune et de gloire; tout était soleil et printemps, confiance et vertu.

Et puis, pour cet enfant, l'objet idéal du culte le plus profond, le plus idolâtre, après son père, c'était une femme !

Oh! pour lui, une femme c'était une croyance, son but, son avenir, l'éternel bonheur que Dieu réservait sans doute à sa chaste jeunesse.

Eternel! oui. Car, dans sa pensée, il ne la quitterait pas cette femme adorée, ni dans ce monde, ni dans l'autre. Pauvre enfant ! vivre de sa vie, mourir de sa mort !—Et puis après, pour vos deux âmes d'ange, — le ciel..... — C'était là ton rêve !

Noble rêve, sainte et naïve espérance de ce

jeune cœur ! C'est que le souvenir de sa tendre mère avait épuré son amour... C'est que ce religieux souvenir se mêlait à toutes ses pensées dès qu'il songeait à cette femme qu'il aimerait un jour ; c'est qu'il regardait comme un devoir sacré de lui rendre à elle tout ce profond et touchant amour que sa bonne mère avait autrefois eu pour lui.

Car elle n'était plus sa mère ; non. Pierre la perdit alors que son fils n'avait que huit ans encore, et le prit avec lui à bord de *la Salamandre*.

Aussi, ce pauvre petit fut-il privé bien jeune des soins maternels d'une femme qui reversait sur lui tout l'amour qu'elle ne pouvait prodiguer à son mari absent. — Et vous le savez : dès qu'une mère craint pour la vie de son époux, elle est deux fois plus tendre pour son enfant.

Or, depuis ce fatal événement, Paul ne quitta pas son père. Elevé à bord, à l'école de cette vie dure et sauvage, la sublimité et les harmonies de cette nature toujours primitive, se reflétèrent dans cette jeune âme si ardente et si vive, et y firent germer les plus nobles sentiments.

Tout enfant, son père se plaisait à lui faire admirer les tableaux variés et grandioses qui se déroulaient sans cesse à sa vue. Tantôt bercé dans les hunes au bruit de la tempête, Paul souriait à sa voix mugissante.

Tantôt le vieux maître La Joie, le prenant sur son dos, le portait à la cime du mât le plus élevé, et là, façonnant ses petites mains au rude toucher des manœuvres, il lui apprenait, en jouant, la pratique de cette pénible profession ; et c'était plaisir de voir souvent Paul, dans sa folle joie, se lançant au bout d'un cordage, se suspendre au-dessus de l'abîme et s'y balancer insouciant !

De tels jeux, une telle existence développent fortement le physique et le moral ; le cœur se trompe à ces dangers continus : aussi Pierre retira-t-il Paul des mains de ses *berceuses*, comme il disait, quand il eut atteint sa dixième année, et se chargea de son éducation.

L'exemple se joignant à la théorie, le jeune

homme fit de rapides progrès, fut nommé aspirant, et reçut sa première blessure dans un des glorieux combats de *la Salamandre*.

Son père le vit tomber, saignant, brisé, détourna les yeux, et continua froidement le commandement qu'il avait commencé.

Mais après le combat, quand il eut déposé avec le porte-voix le caractère dur et impassible du marin, cet homme de fer, inébranlable au milieu du feu, pleura, sanglota comme une jeune mère auprès du berceau de son fils. — Des nuits entières, il les passa près de lui, le veillant seul, le soignant seul, épiant ses moindres désirs, empressé, attentif, soumis, aux plus poignants caprices de sa souffrance, dévorant ses larmes quand, dans son délire, Paul, ne le reconnaissant pas, l'appelait à grands cris.

Oh! qu'il y avait alors de douleur, de profonde et atroce douleur dans la voix de ce pauvre père, disant tout bas : — Mais je suis là, mon enfant, mon Paul...... Mon Dieu, mon Dieu, je suis là!... C'est moi... c'est ma main... C'est la main de ton père que tu serres

dans tes mains brûlantes et sèches.... Paul, mon Paul, mon enfant!.... Il ne me connaît plus... Oh! je suis bien malheureux! Paul, hélas! ne l'entendait pas, et disait toujours :
— Mon père!

Instinctive et sublime invocation, dernier cri d'espérance et d'amour, admirable illusion, qui, colorant les ténèbres d'une cruelle agonie, faisait croire à cet enfant qu'un père pouvait, comme Dieu, prolonger nos jours.

Mais la mort n'atteignit pas cette âme si belle. Paul se rétablit, et son père devint presque fou de joie. Dans sa longue convalescence, il ne le quitta pas d'un moment. Pour l'amuser, il lui contait ses merveilleux et lointains voyages, ses hardis combats. Puis, quand un sommeil réparateur fermait les paupières de Paul, il se taisait, et respirant à peine, penché sur son hamac, il le contemplait avec amour, avec idolâtrie, et ne retenait pas de grosses larmes de joie ; car c'était alors de joie qu'il pleurait, le pauvre père, en entendant son enfant l'appeler au milieu d'un rêve riant et paisible!

Paul, en état de faire une nouvelle campagne sur *la Salamandre*, sortit du port pour combattre cette frégate que vous savez. Ce fut le dernier combat de la corvette avant 1814.

Combat terrible et sanglant dans lequel Pierre reçut à son tour une dangereuse blessure.

Et c'était chose touchante que de voir le fils rendre à son père ses soins assidus, avec cet égoïsme de dévoûment, cette jalousie d'affection innée chez les belles âmes.

Pierre se rétablit, et ce fut une fête pour l'équipage.

Car Pierre Huet était autant aimé que redouté, et méritait en effet d'inspirer ces deux sentiments si opposés, par sa sévérité dans le service, et l'attachement qu'il avait voué à ses marins ; or, depuis longtemps ils l'avaient deviné : les matelots ont à cet égard un instinct qui ne les trompe jamais.

Si pourtant la jalousie avait pu avoir place dans une aussi belle âme, Pierre eût peut-être été jaloux de l'influence que son fils exerçait sur l'équipage.

C'est une contradiction bizarre dans le caractère et la nature de l'homme, que de voir les êtres les plus forts, les plus terribles, préférer obéir à des êtres faibles et inoffensifs. Est-ce conscience de cette espèce de supériorité qui consiste à remettre son sort, sa volonté, entre des mains débiles que l'on briserait si facilement? Peut-être aussi l'homme fort qui se soumet au faible croit-il prouver par là qu'une telle soumission est toute volontaire.

Toujours est-il que l'influence de Paul semblait magique à bord; il exerçait une espèce de merveilleux empire, lui, chétif enfant, sur ces hommes de fer qui avaient vu vingt batailles et ne savaient plus ce que c'était que le danger.

Et puis, ces hommes, superstitieux comme tous les hommes naïfs et énergiques, croyaient à je ne sais quelle prédiction d'un vieux *calier* qui liait l'existence, le destin de *la Salamandre* à l'existence, au destin de l'aspirant.

Aussi jamais ce navire ne paraissait plus propre, mieux tenu, que lorsque Paul était de service. Enfin, on eût dit l'ange gardien de *la Salamandre*.

C'est qu'aussi il était bon, courageux, intrépide, généreux; et chez lui les dehors répondaient à la beauté de son âme.

D'une taille moyenne, mais élancée, souple et gracieuse, son allure participait de son caractère et de son état, hardie, libre et franche; ses grands cheveux châtains ombrageaient un front saillant, blanc et poli comme celui d'une jeune fille; ses yeux noirs étaient bien fendus, vifs, perçants, spirituels; son nez aquilin, sa bouche légèrement arquée et un menton à fossette un peu saillant lui donnaient une expression de hauteur et de fierté qui lui allaient à ravir; joignez à cela un teint rose et frais qui devenait pourpre à la première émotion, une moustache soyeuse et naissante qui ombrageait sa lèvre rouge....

Et vous aurez une ravissante figure d'enfant qui aurait fait tourner toutes les têtes des filles de Saint-Tropez, surtout quand son joli uniforme bleu à aiguillettes d'or serrait bien sa fine taille dessinée par le ceinturon de son poignard courbe, et qu'il portait noblement son chapeau bordé.

Mais Pierre Huet ne laissait pas le jeune homme descendre à terre ; non qu'il voulut en faire un moine, mais il savait que les marins de *la Salamandre* étaient haïs pour leur opinion prononcée; il savait que les Provençaux, exaltés dans la leur, les voyaient avec peine, et en bon et tendre père il craignait pour son fils.

Or, le fils ne partageait pas ces craintes ; et comme, d'après les ordres du lieutenant, aucune embarcation ne pouvait quitter le bord ; la veille, Paul s'était laissé glisser le long de l'échelle du couronnement, et avait franchi à la nage la petite distance qui séparait le navire de la côte du golfe.

CHAPITRE VII.

LE PÈRE ET LE LIEUTENANT.

> Un père est le seul dieu sans athée ici-bas.
> ERNEST LEGOUVÉ, *Poésies inédites*

Nous avons laissé Pierre et son fils dans la galerie de la corvette.

— Saurai-je, Monsieur, dit Pierre en s'asseyant assez loin du jeune homme, saurai-je pourquoi vous avez quitté le bord sans permission ?

Ce reproche était fait par l'officier. Le père ajouta mentalement :

— Et au risque de te noyer, malheureux enfant !

— Père, vois-tu, je vais te dire... Et en prononçant ces mots, Paul s'approcha timidement de son père, appuya une de ses mains sur le fauteuil, et de l'autre prit celle de Pierre.

Le bon lieutenant sentit son courage faiblir à ce mot *père* prononcé d'une voix douce et soumise.

Aussi, reprit-il sévèrement, en reculant son fauteuil avec vivacité pour échapper aux caresses de son fils : — Il s'agit de service, Monsieur ; appelez-moi lieutenant, et éloignez-vous.

— Au moins, comme ça, je ne faiblirai pas, pensa-t-il.

L'enfant fit une petite moue pleine de malice et de grâce, rougit, et changea de ton. Sa voix, de tremblante et faible, devint nette et brève. Il releva fièrement la tête, et répondit avec assurance :

— Lieutenant, je me suis absenté du bord parce que je m'ennuyais. J'ai eu tort ; qu'on me punisse !

— Je veux savoir, Monsieur, ce que vous avez été faire à terre.

— Lieutenant, permettez-moi de vous le

cacher ; j'ai manqué au service, punissez-moi.

— Monsieur... dit Pierre avec fermeté.

— Lieutenant, ma vie militaire vous regarde ; ma vie privée ne regarde que mon père.

— Eh bien ! mon fils, j'exige...

— Alors c'est différent, père ; tu vas tout savoir.

Alors aussi ce fut la voix douce et soumise qui parla.

— Allons ! se dit Pierre, il faut lui céder. Après tout, en faisant le supérieur, je n'aurais rien appris, car il a un caractère du diable. Au moins, comme ça, je saurai tout. Mais je ne veux pas le regarder, car j'aurais plus envie de l'embrasser que de le gronder. Il ressemble tant à sa mère !

— Voyons, Paul, parlez.

L'enfant s'approcha de son père ; et, pour cette fois, il put appuyer ses deux bras sur le dossier du fauteuil ; puis il baissa la tête au niveau de celle de Pierre, l'embrassa, et dit à voix basse avec un profond soupir :

— Vois-tu, père ? je crois que je suis amoureux.

— En voilà bien d'un autre !

— Tu sais bien, père, qu'il y a huit jours j'ai été avec la chaloupe chercher des barriques au débarcadère. Pendant que les hommes arrimaient les tonnes dans la chaloupe, je me suis promené sur la côte; et là-bas... tiens, tu peux le voir d'ici : c'est ce petit pavillon au milieu des orangers.

— Allons ! bien ; je le vois. Après.

— Eh bien ! père, j'ai vu là.... oh ! une jolie femme qui regardait.... Ma foi ! je ne sais pas ce qu'elle regardait.

— Eh bien !...

— Eh bien ! père, caché derrière un rocher pour qu'elle ne me vît pas, je suis resté plus d'une heure à la contempler. Et mon cœur battait, et ma vue se troublait; et, en revenant, oh ! en revenant, il me semblait que je t'aimais deux fois plus, bon père !

— C'est donc pour cela, Monsieur, que la chaloupe a autant tardé ? dit Pierre d'un ton qui cachait mal son émotion.

— Lieutenant, reprit l'autre avec sa diable de voix brève, je vous ai donné des raisons que vous avez acceptées.

Il abusait de l'amour de son père, le maudit enfant. — Paul !...

— Allons! reprit-il, père, ne te fâche pas ; tu vas tout savoir. Hier soir, je me suis affalé par l'échelle de poupe, j'ai mis mes habits dans un petit coffre que j'ai poussé devant moi, et j'ai été à terre à la nage.

— Quelle imprudence! tu sais bien, malheureux, que ta blessure t'engourdit souvent la jambe au point de ne pouvoir nager.

— Bah! père, est-ce que j'avais le temps de penser à cela? Et puis j'espérais la voir.

— Enfin, l'avez-vous vue? dit Pierre sans trop songer à ce qu'il y avait de peu grave dans sa demande.

— Non, père.

— Et que diable! avez-vous fait pendant toute la nuit?

— Je me suis promené, père, promené autour de son jardin, devant ses fenêtres ; et je serais encore à les regarder si ce vieux scélérat de maître. La Joie ne m'avait pas surpris, et si je n'avais pas craint de trop t'inquiéter, père, dit l'enfant avec une admirable expression d'amour et de tendresse.

— Et voilà tout, Paul, toute la vérité?

— Je ne mens jamais, père.

— A la bonne heure. Mais tout cela est fort mal. Tu sais, mon enfant, que les Provençaux n'aiment pas *la Salamandre;* il se passe d'étranges choses dans le midi, ces paysans sont méchants, et je crains pour toi comme pour nos matelots. Promets-moi donc de ne plus descendre à terre.

— Non, père, parce que j'y descendrais quand je devrais y aller sur des charbons ardents, mais sans manquer à mon service.

— Maudit entêté!... Mais au moins allez-y armé!

— Oui, père; cela, je te le promets.

— Je suis d'une faiblesse inouïe pour vous, Paul; et un jour vous me le reprocherez. Ah ça, comme tu as manqué ouvertement à la discipline, mon cher enfant, tu garderas les arrêts vingt-quatre heures... mais j'irai te tenir compagnie.

— Bon père, cher père! dit l'enfant en l'embrassant.

— A la bonne heure, dit le bon lieutenant. Mais si tu savais ce que j'ai souffert d'inquiétude! je n'ai pas dormi de la nuit. Pauvre ami, je n'ai plus que toi au monde ; songes-y donc.

Et il renfonça une grosse larme qui allait couler, car il entendit frapper à sa porte.

— Entrez! dit Pierre en se retournant vers les fenêtres de la galerie pour qu'on ne vît pas ses yeux humides. Qu'est-ce?

— Lieutenant, dit un pilotin, le commissaire demande s'il peut commencer la paie.

— Sans doute. Faites avertir l'équipage.

CHAPITRE VIII.

LA PAIE.

> Ils n'ont que de faibles appointements ; mais ce qu'on appelle le *tour du bâton* est si considérable que rien n'y est plus commun que les fortunes rapides.
>
> DIDEROT, *Voyages.*

> Il est bien juste, Messieurs, que les contribuables, que cette précieuse et respectable base de l'édifice social; que les contribuables, dis-je, connaissent dans ses plus petits détails l'emploi des deniers publics. C'est un flambeau de notre conscience, Messieurs, que vous avez examiné, pesé, discuté, analysé chaque dépense et chaque recette; et je suis heureux et fier à la fois, Messieurs, de pouvoir proclamer à cette tribune que sous notre administration de grandes économies ont été faites. D'immenses améliorations sont proposées ; et pour atteindre ce but, c'est sans crainte, c'est appuyé sur l'intérêt des imposés eux-mêmes, que je viens présenter à la Chambre un projet tendant à ajouter quelques centimes additionnels à l'impôt.
>
> *Discours tout fait pour un commissaire royal chargé de soutenir la discussion du budget*

D'après les ordres du lieutenant, le commissaire avait fait la paie, et le silence rigoureux qui régnait ordinairement à bord de *la Salamandre* était interrompu par un tintement métallique partant de tous les coins du navire.

— Enfin, dit le commissaire, qui, pour remplir ses fonctions, avait revêtu son habit bleu brodé d'argent à retroussis écarlates; enfin, répéta-t-il en ramassant des registres et des papiers épars sur la table du *carré* de la corvette, voilà donc ce maudit arriéré payé!— trois ans de solde... — Et il était temps, car avec de pareils enragés...

A ce moment une espèce de grognement sourd et inarticulé qui partait de la porte interrompit le monologue du commissaire.

— Allons..., encore..., dit-il. Voyons, qu'est-ce? que me veut-on?

Le grognement devint plus prononcé, et on put entendre ce mot : — Mon commissaire... C'est moi..., mon commissaire.

— Qui, toi? qui es-tu? que veux-tu?

Et le commissaire se leva vivement de sa chaise, fut à la porte, prit l'importun par un revers de sa veste; et, l'amenant sous le jour du grand panneau, il put, à la faveur de cette lumière éblouissante, le contempler à son aise.

C'était, sur ma parole, une tête digne de Rembrandt !

Figurez-vous un homme de taille moyenne, mais fortement constitué, un visage presque violet, tant il était pourpre, entouré de larges favoris noirs et touffus qui se rejoignaient à des cheveux blancs, ras, courts et raides comme une brosse.

Une énorme cicatrice, qui commençait au front, traversait le sourcil, l'œil (il était borgne) et la joüe gauche, allait se perdre dans sa barbe; mais tellement creuse, la cicatrice, qu'on y aurait logé le petit doigt.

Quoiqu'on fût au mois de juin et qu'il fît une chaleur étouffante, cet homme portait deux chemises : d'abord une de laine rouge, puis une autre blanche, dont le collet précieusement brodé se rabattait sur la première.

Enfin une veste de drap bleu fort longue, bordée au collet et aux manches d'un galon d'or, et un pantalon de grossière étoffe complétaient son habillement.

Quand le commissaire l'attira sous la lumière du panneau, il se laissa faire, n'avançant qu'à pas lents, et fixant d'un air honteux son œil unique sur l'administrateur.

— Ah! c'est toi, maître Bouquin... Eh bien! que veux-tu? Allons, réponds donc!

— Mon commissaire, dit l'autre en roulant en spirale, en cône, en rhombe, le bonnet de laine à carreaux bleus qu'il tenait dans sa main, mon commissaire..., c'est que... c'est que je crois qu'on me carotte...

— Hein?...

— Oui, mon commissaire..., qu'on me flibuste, et que je n'ai pas mon compte.

— Comment...

— Trois ans, mon commissaire... Trois ans d'arriéré, à 700 francs,... c'est 2100 francs..., et je n'en ai mordu que 1919, cinq sols et deux liards. Et il montrait une immense sacoche qu'il tenait sous son bras.

— Ah! c'est-à-dire que tu demandes des comptes?

— Non, mon commissaire... Faites excuse : je demande *mon* compte.

— Rien de plus juste, mon garçon, rien de plus juste. Jour de Dieu! si l'on pouvait me croire capable de refuser les moindres éclaircissements! Ah! bien oui... Non, non, vous gagnez trop bien votre argent, mes braves, mes dignes amis, vous le gagnez trop honorablement, pour qu'on ne vous démontre pas, à un sou, qu'est-ce que je dis, à un sou, à un liard, à un denier près, qu'on ne vous fait tort de rien... Entends-tu bien cela, maître Bouquin? Et il répéta en accentuant fortement : — Qu'on ne vous fait tort de rien.

— Connu... connu... mon commissaire.

— Comment, connu?

— Je dis connu, mon commissaire, parce que l'autre d'avant vous disait tout d'même.— Mais c'est juste. C'est dans votre manœuvre à vous, comme c'est dans la nôtre de dire : — Range à larguer les huniers. Allez, allez, mon commissaire; j'écoute...

— Eh bien! donc, les sept cents francs par an font tant par mois, tant par semaine, tant par jour ; mais il y a, vois-tu, maître Bouquin, des années bissextiles et des mois de vingt-huit jours; ensuite la valeur des monnaies courantes se trouvant souvent altérée, et les gourdes d'Espagne qu'on vous a données en paiement ayant une valeur de quarante-sept centimes de plus que les pièces cent sous, font que... tu suis bien?

— Oui, commissaire, dit l'autre qui se mordait les lèvres jusqu'au sang, en prêtant la plus vigoureuse attention à ce discours administratif.

— Font que..., reprit le commissaire avec une nouvelle volubilité, font que la valeur des pièces cent sous doit décroître d'autant sur le capital et sur le total des sommes que le trésor vous paie scrupuleusement...., entends-tu, maître Bouquin? scrupuleusement... pour l'amortissement intégral de la solde arriérée... Tu suis bien?... J'espère que c'est assez clair.

— La solde arriérée... Oui, commissaire, je commence à y être. Et le malheureux se pressait le front, comme pour faire entrer dans son cerveau rebelle l'explication claire et lucide de l'administrateur.

— Or, reprit celui-ci, tes 700 francs étant déjà soumis aux fluctuations inévitables opérées par le change sur la valeur des gourdes d'Espagne, et les écus de six livres étant aussi de leur côté soumis à une défalcation notable et diminutive, font que la valeur des gourdes leur étant opposée, seulement quant aux années bissextiles et aux mois de vingt-huit jours, il résulte nécessairement.... Tu comprends bien? mais ne te gêne pas : si cela ne te paraît pas assez clair, maître Bouquin, dis-le. Comprends-tu bien?

— Oui, commissaire. Et il ouvrait, il écarquillait son œil à faire trembler.

— Je reprends. Des années bissextiles et des mois de vingt-huit jours, il résulte nécessairement il est patent, il est avéré, il est notoire, qu'en défalquant d'un côté la diminution opérée sur les gourdes, la diminution de paie voulue par la proportion des années bissextiles et des mois de vingt-huit jours, et qu'en balançant d'un autre côté, mais en balançant à votre avantage, — entends-tu bien toujours? — à votre avantage l'augmentation des écus de six francs, les écus de six francs l'emportent de beaucoup, mais l'emportent énormément, sur les pièces cent sous, l'emportent au moins de

475 francs. Ainsi tu vois qu'en ajoutant ces 475 francs à tes 1785, cela te fait 2260 ; et à ton dire, remarque bien ceci, on ne t'en doit que 2100. Est-ce vrai?... enfin réponds ; est-ce vrai?

— Ça c'est vrai, mon commissaire, on ne m'en doit que 2100, reprit Bouquin en essuyant la sueur qui ruisselait sur son visage.

— Eh bien! tu vois donc bien que c'est au contraire toi qui redevrais 160 francs, puisqu'on ne t'en doit que 2100; car ce n'est pas moi, c'est toi qui l'a dit, et qu'on t'en donne 2260. Ainsi tu vois donc, mon garçon, que je pourrais te redemander 160 francs, que je le devrais peut-être pour t'apprendre à te méfier de tes supérieurs et du gouvernement qui vous donne toujours plus qu'il ne doit et se trompe toujours dans votre intérêt, comme tu vois; mais pour cette fois je serai bon enfant. Que cela te serve de leçon, garde tes 160 francs de surplus, entends-tu, maître Bouquin? garde-les, et que ce soit pour toi un nouveau motif de bénir l'ordre de choses que le ciel nous a rendu... Allons! va, maître Bouquin;

et dis bien à tes camarades que s'ils ont quelques explications à me demander, je suis tout prêt à les leur donner aussi claires et aussi lucides que celle-ci. Oh! mon Dieu! pas de préférence; ce que l'on fait pour l'un on doit le faire pour l'autre.

Et ce disant, le commissaire prit en chantonnant ses registres sous son bras, entra dans sa chambre et ferma sa porte, laissant maître Bouquin, tout en nage, stupéfait, confondu, ébahi, et ce qui est plus fort, convaincu de la générosité et du désintéressement du gouvernement à son égard.

— Sacredieu! dit-il en s'essuyant le front, j'aimerais mieux prendre trois ris dans une grande voile, au fort d'un ouragan, que d'être obligé de me mettre à *recomprendre* le commissaire. Ah! voilà une langue! quelle platine! Avec tout ça il paraît tout de même que c'est moi qui redevrais, et que j'y gagne 160 francs. Qu'est-ce donc que ce vieux caïman de La Joie était venu me chanter, que le commissaire nous tondait comme des mousses?

Et le digne homme courut chercher maître La Joie.

— Eh bien! matelot, lui dit Bouquin en l'abordant, eh bien! nous nous trompions : il paraît que la... la fructuation.... les années buisseptiques, et l'amoir... l'avor... l'acor... enfin c'est égal, le nom n'y fait rien... sont cause que nous rabiotons 160 francs... au *lieur* d'en perdre 450; que si le gouvernement n'était pas bon matelot, il nous forcerait de remettre à la gamelle...; et que le commissaire a navigué droit et sans embardées.

Pour toute réponse, La Joie regarda fixement Bouquin entre les deux yeux, prit son grand sifflet dans sa poche, et en tira deux sons brefs.

— Je t'en f..., dit Bouquin qui parut saisir parfaitement le sens de l'harmonie expressive de La Joie. Que la drisse du pavillon me serve de cravate si ce n'est pas vrai!

Ici nouvelle modulation du sifflet, que Bouquin traduisit encore, car il répliqua : — Tu es entêté comme un marsouin, puisque c'est comme ça, vois-tu, La Joie, il fallait y aller toi-même.

Et Bouquin monta sur le pont, laissant dans la batterie son ami au long sifflet.

Or il faut savoir que La Joie, maître d'équipage de la corvette, était l'être le plus silencieux, le plus morne qui fût au monde. Il s'était fait une habitude de ne parler que le moins possible, et la plupart du temps, il ne répondait à ses égaux ou à ses inférieurs que par des modulations que l'on avait fini par comprendre ; ce qui paraîtra moins étonnant quand on saura que dans les habitudes nautiques la plupart des commandements se font au sifflet, dont le bruit sonore et aigu domine les mugissements des vents et des vagues.

Ainsi pour maître La Joie, le sifflet, c'était une langue nouvelle, une langue à lui, tour à tour gaie, triste, colère ou satisfaite, une langue admirable pour traduire les impressions qui agitaient le vieux marin.

A la manière dont il embouchait l'instrument pour commander une manœuvre, aux sons plus ou moins rudes, plus ou moins coulants qu'il en tirait, l'équipage devinait la nuance de son humeur.

Le bruit était-il cadencé, perlé, coupé de roulades et de roucoulements qui montaient et descendaient en gammes brillantes, éclataient, vibraient, retentissaient en modulations harmonieuses :

— Oh! bon! disaient tous bas les matelots; il y aura bon quart; maître La Joie est dans une bonne brise.

Au contraire, le sifflet ne laissait-il échapper qu'un cri sec, froid et dur, rauque et impératif, sans aucune fioriture :

—Veillons au grain, répétaient-ils à voix presque inintelligible : le vent a l'air de venir du côté des calottes, et si ce vent-là continue, il pleuvra des averses de coups de poings et de coups de pied.

Or ces prédictions météorologiques et psychologiques étaient d'ordinaire réalisées par l'événement.

Mais ce jour-là il n'y avait place que pour l'espérance et la gaîté, que la *paie* avait fait naître dans l'âme des marins.

CHAPITRE IX.

PROBLÈME.

> Les hommes ont un instinct secret qui les porte à chercher le divertissement et l'occupation au dehors, qui vient du ressentiment de leur misère continuelle.
> PASCAL, *Pensées.*
>
> L'inconstance du bransle divers de la fortune faict qu'elle nous doibve présenter toute espèce de visage.
> MONTAIGNE.

Certes! si le bonheur existe, il existait ce jour-là à bord de *la Salamandre*.

Le bonheur! être fantastique et réel que chacun évoque sous une apparence si diverse.

Ainsi au déclin du jour, quand le soleil, semant l'atmosphère de toutes les couleurs du prisme, inonde l'horizon de sa chaude lumière, qui se dégrade depuis le blanc le plus éblouissant jusqu'au rouge sombre et violacé, vous voyez quelquefois un nuage aux contours fugitifs et dorés, que la brise du soir balance encore au milieu des vapeurs de ce ciel brûlant.

Ce nuage n'a qu'un aspect, et il en a mille... Pour l'un, c'est une calonnade gothique, élégante et grêle avec ses vitraux chatoyants... Celui-là y admire un arbre aux branches d'or et aux feuilles de pourpre. L'autre y voit une figure largement drapée, puissante comme *Jehovah;* et celui-ci les lignes délicates et aériennes d'une ravissante tête de jeune fille au cou de cygne.

Ainsi est-il du bonheur! être idéal en positif, vrai comme la lumière et le son, et insaisissable comme eux! le bonheur, qui revêt tour-à-tour les formes les plus opposées et n'en garde aucune.

Car enfin, le bonheur ! est-ce une bouche de femme qui murmure à votre oreille un doux mot de tendresse ? une main tremblante qui ne fuit pas la vôtre ? est-ce une longue, longue promenade sur un gazon émaillé, sous la voûte épaisse des vieux chênes qui couronnent une île fraîche et verte... une promenade... avec son bras lié au vôtre... alors que le silence, et les reproches, et la tristesse, et les éclats d'une gaîté enfantine, et les brusques tressaillements... alors enfin que tout est amour, aveu, et que pourtant le mot amour n'a pas été dit?

Ou bien, le vrai bonheur, le bonheur durable qui baigne, qui inonde à jamais l'âme d'une joie céleste, serait-ce après l'aveu?

Quand toute palpitante, toute heureuse du sacrifice qu'elle vous a fait, parce qu'elle a joué son avenir avec vous et qu'elle peut perdre; parce qu'elle prévoit des larmes bien amères à verser un jour... parce qu'enfin une femme qui aime a besoin de souffrir?

Est-ce après l'aveu? quand, assis à ses genoux, elle vous dit avec un sourire si plein de larmes : — Oh! maintenant, mon honneur est à toi!... ma vie c'est toi, ma pensée c'est toi, mon âme c'est encore toi!... Maintenant, vois-tu, d'un mot tu peux me rendre la plus malheureuse des femmes, d'un mot tu peux me tuer... aussi, ange, ange adoré, mon amour ce n'est pas de l'amour... c'est un sens nouveau... un sens qui absorbe, efface tous les autres... un sens qui seul fait que j'existe.

Le bonheur! serait-il plutôt le dédain des déceptions humaines, parce qu'on les comprend, parce qu'on les prévoit toutes?

Ainsi vous trouvez une pauvre jeune fille, belle et misérable, côtoyant le vice et prête à y tomber... Vous en avez pitié... vous la tirez de sa fange; vous parfumez, vous habillez ce corps, vous essayez de donner une âme à ce corps, en tâchant d'y faire germer la reconnaissance; et puis, grâce à vos soins purs et désintéressés, son esprit se façonne, ses grâces viennent, sa beauté se complète... Vous souriez à votre ouvrage....

Et un soir votre ouvrage se sauve avec un laquais; mais haussant les épaules, vous dites *en riant :* — Je m'y attendais! et pas un fibre n'a douloureusement vibré dans votre cœur flétri.

Serait-ce le bonheur, cela? ou bien, mieux encore, un ami d'enfance avec lequel vous avez mis tout en commun, vous, ayant tout, et lui, rien ; un frère que vous avez soutenu de votre épée, un frère enfin qui vous trouvait pour pleurer avec lui quand il souffrait; ce tendre et bon frère profite d'une réaction politique pour vous dépouiller et vous envoyer à l'échafaud ; et, comme il arrive pour vous y voir aller :

— Viens donc, paresseux ! tu as failli arriver trop tard ! lui criez-vous *en riant.*

Car vous ne trouvez pas un sentiment, pas même de la haine ou de la vengeance dans votre âme desséchée !

Vraiment ? serait-ce là le bonheur ? serait-il dans cette mort morale du cœur qui le laisse aussi insensible à la joie ou à la peine qu'un membre séparé du tronc l'est à la douleur ?

Le bonheur ! Se révèle-t-il plutôt au milieu du luxe et de ses prestiges ? est-ce une maison de prince, des terres royales, des chiens et des chevaux, d'étincelantes livrées, d'antiques armoiries, la chasse et ses nobles fanfares qui font battre le cœur ?

La chasse ! la chasse ! Piqueurs, sonnez ; meute, pousse tes cris, fais glapir tes cent voix. Tout est bruit et délire, aboiements des chiens qui mordent leurs couples ; éclats retentissants des trompes, hennissements des chevaux qui bondissent et creusent le sol.

— Allons! *Away Talbot!* mon bon cheval de race! *Away!* mon cheval favori! toi, choisi dans les coursiers de pur sang, de généalogie célèbre et sans tache, qui piaffait dans mes écuries dallées de marbre blanc. O mon fringant et noble *Talbot!* avec l'argent que tu m'as coûté j'aurais doté trois rosières, payé vingt actions désintéressées ; mais aussi que ta crinière est fine, lisse et luisante! que ton garot est saillant! que tes jarrets sont nerveux! que tes jambes sont sèches, larges et plates! que ton sabot est délicatement arrondi! que ta robe est soyeuse et dorée, mon *Talbot!* Comment aurais-je jamais trop payé un cheval tel que toi! *Away!* on sonne le débuché, *Away!* franchis fossés et barrières, saute, bondis, car ton rein vigoureux et élastique se détend comme un ressort d'acier ; *Away! Talbot!* emporte-moi, rapide, enivré ; car c'est une ivresse aussi qu'une course désordonnée.

Mais, en parlant d'ivresse, le bonheur! serait-il au fond du verre de l'homme ivre, quand, y laissant sa raison, y noyant même son imagination d'abord excitée, il se borne à jouir en végétal de cet épanouissement nerveux que les esprits procurent à tout son être qui ne pense plus, qui ne voit plus, qui n'entend plus ?

Le bonheur ! Dormirait-il chez ce bourgeois toujours épicier, toujours coiffé de loutre, toujours gras, toujours vermeil, toujours luisant, toujours satisfait, toujours honnête ?

Chez ce bourgeois, dont la femme s'appelle toujours Véronique, est sur le retour, brune, adorée de son époux, accorte, vive et colère quand elle parle à son mari, mais qui montre ses dents blanches dès que le premier garçon de boutique lui serre les genoux derrière le comptoir ?

Chez cet épicier qui nomme toujours sa fille Azéïda, son fils Théobald, et l'habille en artilleur ou en lancier ?

Chez cet épicier, toujours électeur, toujours abonné du *Constitutionnel,* juré, sergent de la garde nationale, amateur d'opéras-comiques, de vaudevilles, de gravures *guillerettes* — c'est son mot — et de la nature champêtre des prés Saint-Gervais?

Chez cet épicier qui lit Voltaire, jure par *saperlotte*, et usait d'une tabatière Touquet lorsqu'il y avait une charte, qui ne va jamais à la messe parce qu'il est esprit fort et que la religion est bonne pour le *peuple?*

L'épicier serait-il enfin le bonheur incarné?

Eh! elle était peut-être nécessaire, cette longue et fatigante digression sur la *chose introuvable*, cette rapide et incomplète analyse de goûts si opposés, si variés, si inverses, pour vous amener à comprendre la bizarrerie, la folie des différents genres de *bonheur* qui se tramaient à bord de *la Salamandre!* ni plus vrais, ni plus faux que ceux que nous avons énumérés.

En effet, la plupart des marins rassemblés dans la batterie étaient assis, couchés, debout, comptant et recomptant leurs écus, et les enfouissant dans leurs longues bourses.

Puis, en attendant l'heure de mettre en pratique leur singulière théorie d'amusements, ils en parlaient avec ivresse et joie; se promettant, se jurant de se débarrasser au plus vite de cet or qui les gênait et les troublait dans la manœuvre, disaient-ils, par le son criard qu'il rendait.

Ce point principal fut donc irrévocablement arrêté, non pourtant sans avoir été faire préalablement une visite, soit au lieutenant Pierre, soit au vieux Garnier, afin de leur remettre la moitié de leur paie destinée à leurs pères, mères, femmes ou enfants. Ceci était un usage reconnu, sacré, établi. Cette répartition faite, ils respirèrent librement, et purent alors se livrer (spéculativement) aux plus vifs plaisirs.

Hourra ! disait l'un en secouant sa bourse ; il y a au fond de cela les trente meilleurs bidons de vin du Cap qui aient jamais pris source dans un tonneau pour venir se décharger dans le gosier d'un honnête marin !

— Par toutes les *alcaouetas* de Cadix ! disait l'autre en caressant avec amour la rotondité de sa sacoche, je tâte bien ici la peau la plus fine, la plus douce..., j'y vois les yeux les plus noirs, la gorge la plus blanche... Oh! viens, Roson, Théréson, Toinon, que je t'embrasse... viens, bonne fille : il faut qu'avec toi, en deux jours, le trou aux écus soit à sec.... Viens, Roson, Théréson, Toinou... que je t'embrasse.

Et il embrassait Roson, Toinon et Théréson, dans la vénérable personne de sa vieille sacoche.

— Et toi, Giromon, que feras-tu de ta caisse? dit un autre à un compagnon qui paraissait absorbé en finissant de compter son argent, et disait : — Le scélérat m'a fait la queue! C'était peut-être le seul qui, avec maître Bouquin, eût pensé à vérifier ses comptes.

— Moi, dit Giromon avec gravité, j'achèterai à Toulon, vois-tu? un uniforme de commissaire, un chapeau de commissaire, une épée de commissaire, enfin tout le bazar d'un commissaire. Et puis, je dirai à un bourgeois, à un soldat ou à un calfat: Tu vas t'habiller en commissaire.

Et puis? demandèrent quelques voix.

— Et puis je lui dirai : Maintenant je te donnerai tout l'argent que tu voudras ; mais faut que tu me laisses te f..... des coups à crever dans ta peau, à te déralinguer l'échine.

— Tiens! au fait, c'est assez embêtant d'être

flibusté, d'être fait la queue du matin au soir. Au moins, comme ça, je me figurerai que je me revange sur un vrai commissaire, un voleur de commissaire, que je lui rends ce qu'il m'a pris, et ça soulage *.

— Oh ! fameux, fameux, Giromon ! dit l'interlocuteur. Veux-tu que j'en soie ? dis : veux-tu m'en mettre ?

— Du tout ; fais-en un, fais un faux commissaire, comme moi. Ça serait pas assez d'un pour deux ; il ne serait pas assez fort, à moins de trouver un robuste, un colosse.

— Moi, disait un autre, je vais rassembler tous les musiciens que je trouverai à Saint-Tropez, et je les ferai naviguer de conserve à ma suite : — des violons, des clarinettes, des cors de chasse, des grosses caisses, des trompettes, des guimardes et des pianos..... tout le

---

* Il est inutile de dire ici que ces plaisanteries, traditionnelles chez les matelots, n'attaquent en rien la probité, le talent et le haut savoir du corps de l'administration de la marine, qui rend de si grands services à cette arme. Chez les matelots, je le répète, c'est un texte à plaisanteries analogues à celles que les soldats de terre se permettent sans cesse sur les payeurs, les intendants et les employés des vivres.

tremblement, une musique de possédés qui sera là à me jouer.... voyons! à me jouer.... une délicieuse air de romance que je sais; celle de : *Cassons-nous les reins et buvons le grog....* ou bien celle de : *Bouton d'amour.*

— Mais du tout, Parisien, dit un autre. Faut faire jouer à chacun un air diverse.... Ça sera plus riche.

— Oui, t'as raison, chacun un air diverse. Quel bonheur! Et ça, pendant que je mangerai, que je boirai, que je marcherai, que je dormirai, que....

— Tout ça, reprit un canonnier en l'interrompant, tout ça ne vaut pas le bonheur de quitter ce chien d'uniforme pour porter des habits bourgeois. Un garrick, un chapeau à trois cornes et des bottes. Oh! des bottes.... des bottes...., c'est ça qui est charmant pour ceux qui, comme nous, sont obligés de trimer toute leur vie pieds nus sur ce gueux de pont.

— Et des bretelles donc! s'écria Giromon. Des bretelles... quelles délices! Comme je vais m'en donner! Moi qui n'en ai porté qu'une fois dans une relâche,.. à Calcutta.

— Ah! reprit le Parisien, Calcutta.... c'est là un pays! T'en souviens-tu, Giromon, de Calcutta? Oh! Calcutta, patrie trop adorée, pays du bonheur, où qu'on peut rouer de coups deux Indiens pour une poignée de riz.

— Quelle vie douce! toujours en palanquin, à chameau, ou à éléphant. Et les femmes! dieu de dieu! Des bayadères charmantes, pas habillée du tout, qui vous éventent avec des queues de paon.

— Et quelle nourriture!... Voilà une nourriture! des piments si forts que, lorsqu'on en a mangé, on peut s'arracher la peau de la langue. — Ah! voilà le bonheur, dit-il avec un profond soupir de regret.

Et cent autres propos qu'il serait trop long d'énumérer.

Or, la nuit vint surprendre l'équipage au milieu de ces riants projets, de ces douces et piquantes causeries où l'âme naïve de ces bons marins se révélait au grand jour, où elle apparaissait toute nue, mais timide et honteuse. On eût dit une jeune vierge qui laisse tomber en rougissant son dernier voile...

Voile si diaphane, que le joli corps satiné, poli, se dessine comme un nuage rose sous le blanc tissu.

CHAPITRE X.

LA SALAMANDRE A REÇU SA PAIE HIER.

> Mais au clair de la lune, et quand le vent souffle d'un certain point du ciel, s'élève un étrange son qui n'a rien de terrestre.
> BYRON, *Don Juan.*

> Voilà l'ouvrage de ta négligence ! Tu fais toujours des bévues, ou c'est à dessein que tu joues ces tours.
> SHAKSPEARE, *Songe d'une nuit d'été.*

> Ce que femme veut, Dieu le veut.
> *Proverbe.*

Étranger, artiste ou voyageur, toi qui t'arrêtes tout à coup pour poser ton bâton de frêne, essuyer ton visage, et prêter une oreille attentive au bruit sourd et lointain, aux clameurs voilées par la distance qui t'arrivent confuses; ne crains rien, il n'y a aucun danger : seulement attends un jour encore pour entrer à Saint-Tropez; car, vois-tu, *la Salamandre a reçu sa paie hier.*

Étranger, la nuit est si belle, si douce, si transparente; les aloës et les orangers y répandent des parfums si suaves, si pénétrants; le ciel est si bleu; les étoiles si étincelantes! Assieds-toi, assieds-toi au pied de ce mûrier sauvage, aux feuilles veloutées; assieds-toi, reste au sommet de la montagne : et peut-être avant l'aurore verras-tu quelque spectacle inconnu et bizarre; car *la Salamandre a reçu sa paie hier.*

Peut-être le doux repos que tu vas prendre sur ce gazon tout embaumé de thym et de serpolet, ton doux repos sera-t-il un peu interrompu.

Tes paupières, fermées par le sommeil, verront peut-être à travers leur tissu une lueur rougeâtre poindre, s'élever, puis tourbillonner dans l'air, en y déroulant de larges et brillantes volutes de feu.

Tu ouvriras les yeux; et la côte, le golfe, la mer et le ciel, tout sera illuminé, couvert d'une teinte pourpre et flamboyante; et Saint-Tropez brûlera, pétillera, et des jurements, des cris, des éclats de rire et de joie, des chants et des imprécations se mêleront aux tintements, aux volées des cloches, aux roulements du tambour, aux explosions des fusils et des signaux d'alarme : car peut-être l'incendie secouera-t-il là son manteau de flammes ; car *la Salamandre a reçu sa paie hier.*

Ou bien demain, si tu passes ta nuit bonne et tranquille, en descendant du coteau, tu entreras dans la ville. Or tu as vu quelquefois, n'est-ce pas? dans une cité, les traces du passage d'une trombe ou d'un ouragan?

Ce sont des toits brisés, des fenêtres enlevées, des carreaux en poudre, des portes fendues, des volets arrachés qui pendent et se balancent au vent. Ce sont des débris qui jonchent les rues de pierres amoncelées, des poutres en morceaux.

Eh bien! tu verras à peu près le même spectacle. Tu apercevras quelque craintive figure de femme qui soulève toute tremblante le pan d'un rideau, et hasarde un coup-d'œil dans la rue. Tu verras des enfants plus hardis s'aventurer dehors des maisons, et jeter d'abord un coup-d'œil interdit sur ce tableau, puis, moins peureux, s'approcher, et ramasser un chapeau de marin, tout froissé, un long sifflet d'argent, quelques pièces d'or ou une cravate richement brodée. Car *la Salamandre* a passé par là ; et si tu l'interroges, il te dira naïvement : — Ah ! Monsieur, ce n'est rien : c'est *la Salamandre qui a reçu sa paie hier.*

Et tout cela pouvait être vrai ; car hier, jusqu'à la nuit, l'équipage a devisé, causé de ses projets ; mais il fallait les exécuter. Or on savait que le lieutenant était inflexible, et qu'il n'accordait que très-rarement des permissions pour aller à terre, et il s'agissait du moyen à employer afin de s'y rendre à son insu.

Et tu sauras, étranger, qu'il est plus facile de trouver une fille de quinze ans moralement vierge, un ami qui respecte votre maîtresse, un cheval sans défauts, un livre sans préface, un coucher de soleil sans poésie, un surnuméraire au balcon des Bouffes, un poëme didactique amusant, une rivière sans eau — je ne parle ni de l'Espagne, ni des jardins anglais, — que d'empêcher un équipage de marins qui a de l'argent, d'aller à terre. Et *la Salamandre a reçu sa paie hier!*

Ainsi donc, vers les minuit, l'enseigne de garde voyant un calme parfait, une mer magnifique, abandonna le pont et descendit dans sa chambre, en recommandant à maître La Joie de bien veiller sur le navire. Maître La Joie veilla tant qu'il put : mais le temps était superbe, il n'y avait rien à craindre pour le navire; d'ailleurs, il serait réveillé au premier bruit : il abaissa donc son caban sur ses yeux, s'accroupit sur le ban de quart et s'endormit.

Aussitôt un mousse embusqué entre deux caronades descendit vite avertir les marins, qui s'étaient mis tout habillés dans leurs hamacs. D'un bond ils furent à bas de leurs lits suspendus; les hommes de quart quittèrent aussi le pont, tout l'équipage, moins les maîtres et les officiers couchés dans leurs chambres, se réunit dans la batterie. On ferma les panneaux en dedans, on ouvrit un sabord; et comme les trois embarcations de la corvette étaient amarrées le long des flancs du navire, flambarts et autres, au nombre de quatre-vingt-douze, descendirent par le sabord, se casèrent dans les canots, et s'éloignèrent sans faire le plus léger bruit, les avirons ayant été soigneusement garnis. Au bout d'une demi-heure, ils étaient à terre, mettant les officiers et les maîtres dans l'impossibilité de les rejoindre, n'ayant laissé aucune embarcation à bord.

Et cette fuite était dans l'ordre des choses, était normale, naturelle ; c'est un fait physique qui devait résulter de l'influence magnétique des piastres sur l'organisation du matelot. Or ils ne pouvaient échapper à la loi commune imposée à tous les êtres sub-marins, ces dignes matelots de *la Salamandre qui avait reçu sa paie hier.*

Ce qui certainement eût été un objet digne d'étude pour un physionomiste, ce fut l'expression qui contracta la figure de maître La Joie, lorsque, réveillé par l'air frais et piquant du matin, il se secoua dans l'épaisseur de son caban comme un lion dans sa crinière, rabattit son capuchon, frotta ses yeux, regarda autour de lui, et, pour la première fois, vit que les dix matelots de garde qui la nuit suffisaient pour le service de rade, n'étaient plus à leur poste.

Il crut rêver. Le brave maître fit le tour du pont, et ne vit rien, absolument rien.

— Les carognes, se dit-il, seront descendus se coucher; c'est un peu fort. Nous allons, à ce qu'il paraît, jouer à *tape-ton-dos* sur le cuir de ces chiens-là. Et voilà qui va leur annoncer que la danse sera chaude, dit-il en embouchant son grand sifflet.

Ah! mon Dieu! c'était à faire frémir : quel son perçant, aigre, dur, impérieux, menaçant! Jamais le sifflet n'avait eu, je crois, une voix aussi terrible; c'était bien autre chose que les trompettes du jugement dernier, ma foi!

Le coup de sifflet ayant retenti, maître La Joie le remit dans sa poche, et, confiant, attendit son effet en se promenant les bras croisés, secouant la tête d'un air irrité et murmurant d'effroyables blasphèmes.

Pas le plus léger bruit n'agita le navire; on

eût dit une baleine dormant sur une mer d'azur. On fit silence, profond silence.

Maître La Joie s'arrêta court; ses sourcils s'écartèrent, et pour la première fois depuis treize ans, je crois, l'apparence, la faible et incertaine apparence d'un sourire vint errer sur ses lèvres plissées.

— Ils ont une peur d'enfer, et ils n'osent pas monter, dit le brave homme. C'est tout de même agréable de pouvoir avec ça — et il tirait son sifflet qu'il regardait avec satisfaction — de pouvoir avec ça, reprit-il, faire plus trembler quatre-vingts gredins qui ne craignent ni le feu ni l'eau, de les faire plus trembler que ne le feraient un ouragan des tropiques ou une volée à mitraille; c'est tout de même un bel état que la marine.

Après s'être laissé entraîner à ces vaniteuses réflexions, maître La Joie prêta de nouveau l'oreille. Silence, même silence.

— Ils sont là tapis comme des congres dans leur trou, à ne pas oser bouger; ils savent bien que le sifflet les prévient que le premier qui va montrer son museau en dehors du panneau va recevoir une ration de calottes, à ne savoir où les mettre.

Le même silence régnait toujours.

— Bah! se dit maître La Joie, qui par hasard se trouva dans un moment d'indulgence inaccoutumée, j'ai peut-être sifflé trop dur. Ça peut bien se faire; car je ne me rappelle jamais avoir hurlé de cette façon-là... Voyons, adoucissons un peu; car il faut en finir : voilà le soleil levé, et le pavillon n'est pas encore hissé.

Et ainsi qu'une femme revient quelquefois sur un mot cruel, sur une brusque détermination qui opère l'effet opposé à celui qu'elle attendait, maître La Joie fit entendre un son qui, s'il ne promettait pas un jour serein, annonçait toujours un temps passable.

Rien, même silence.

Alors il fallut voir maître La Joie penché sur le grand panneau, le bras tendu, son sifflet d'une main, les yeux stupidement ouverts, les narines gonflées, passer par toutes les teintes, depuis le blanc pâle jusqu'au rouge pourpre et violet.

Les coups de sifflet devenaient précipités, brefs, saccadés, colères, furieux, tonnants et retentissants comme les éclats de la foudre. Son pied battait chaque mesure, mais d'une force à enfoncer le pont.

Silence, toujours silence.

Enfin, exaspéré, il se baisse pour ouvrir le panneau. Impossible : fermé en dedans. Tous... tous les panneaux fermés !

Maître La Joie rugissait.

Il se précipite sur les bastingages, à bâbord, se penche, regarde, ne voit plus les embarcations, et comprend trop tard toute l'affreuse vérité...

Alors il bondit, il saute, il crie, il écume. Les anspecks, les barres de cabestans, les gargoussiers, les cabillots, tout ce qu'il rencontre sous sa main vole en éclats et roule sur le pont.

A ce bruit infernal, les officiers, le lieutenant, se réveillent et se lèvent à la hâte.

Ainsi quelquefois, au milieu de la nuit, l'explosion d'une arme à feu ou des cris réveillent en sursaut toute une maison : chaque fenêtre s'ouvre, se garnit ; c'est une myriade de têtes à moitié endormies, coiffées, décoiffées, bâillant, grondant, se frottant les yeux, s'accoudant et demandant enfin : —Qu'est-ce ?... qu'y a-t-il ?

De même, au furieux tapage de La Joie, le lieutenant, le docteur, le commissaire, l'enseigne et les quelques maîtres qui étaient restés à bord, montrèrent leurs figures encore alourdies par le sommeil aux sabords, aux fenêtres des écoutilles et de la galerie, et se tendirent vers le pont.

— Ah çà, dis donc, La Joie, est-ce que tu as une fièvre chaude ? Mais il faut attacher ce gueux-là et le saigner à blanc, dit le bon docteur.

— La Joie ! La Joie ! que signifient ces cris ? dit enfin le lieutenant d'une voix sévère.

— Partis, lieutenant ! Tous partis, les chiens ; tous à terre, dans les embarcations.

— Mais, encore une fois, qui ?

— L'équipage, lieutenant ; tous à terre, les brigands.

— Nous aurions dû nous en douter, dit le

lieutenant : ils ont de l'argent... Mais dis-moi, La Joie : ont-ils pris la *Yole?*

— Je n'y pensais plus, dit La Joie. Est-ce heureux!...

Il se précipita à l'avant.

— Aussi prise! aussi la *Yole*... Mais ce n'est pas par eux, c'est par M. Paul. Voilà un morceau de son aiguillette accrochée aux bossoirs; en descendant il ne s'en sera pas aperçu.

—Maudit enfant! dit Pierre. Quel exemple!

— Mais que faire, lieutenant? que faire? disait La Joie en se mordant les poings.

— Attendre. Ils reviendront, je n'en doute pas. Mais ce que je crains, ce sont les disputes, les rixes, les querelles avec les Provençaux. Et mon fils..., mon fils qui peut s'y trouver compromis... Malédiction! malédiction!

—Allons! dit le bon docteur, voilà des scélérats qui vont me revenir avec des entailles et des horions. Je n'ai qu'à visiter ma caisse, ma charpie et mes onguents.

— Et vous aurez raison, major, reprit La Joie : car je vous réponds, moi, qu'il va se passer de crânes choses à Saint-Tropez; que les couteaux joueront, et qu'il y aura autant de sang que de vin répandu. Et l'on devait s'y attendre, comme dit le lieutenant : *car la Salamandre a reçu sa paie hier.*

LIVRE III.

CHAPITRE XI.

ALICE.

> Que son œil était pur et sa lèvre candide ?
> Que son œil inondait son âme de clarté !
> Le beau lac de Némi, qu'aucun souffle ne ride,
> A moins de transparence et de limpidité :
> Dans cette âme avant elle on voyait ses pensées !
> . . . .
>
> A. DE LAMARTINE, *le premier Regret.*

Par une nuit d'été lourde, chaude et suffocante, à la lueur douteuse d'une lampe qui projetait de grandes ombres sur les murs d'une chambre modestement meublée : une jeune fille à moitié couchée cachait sa figure dans ses mains et paraissait profondément absorbée.

Ses bras nus, blancs et effilés révélaient les formes les plus élégantes et les plus fines, une nature svelte et gracieuse, une de ces enveloppes délicates qui, par un singulier caprice de la création, renferment presque toujours une âme puissante et passionnée..

Les longues mèches de ses cheveux châtains, se déroulant capricieuses sur son col frêle et satiné, voilaient aussi le visage de la jeune fille; car on ne voyait que son petit menton rose, arrondi et couvert d'une peau si transparente et si fraîche qu'elle laissait paraître un réseau de veines d'azur.

Par un brusque tressaillement, elle redressa la tête, poussa un long soupir, étendit les bras; puis regardant une montre d'or suspendue à son alcôve, près d'une croix d'ivoire ombragée d'un rameau de buis béni, elle s'écria :

— Seulement deux heures... deux heures... Oh! quelle nuit!... quelle nuit!... Jamais le temps ne m'avait paru si long. Et puis, je ne sais, mais j'ai chaud..., j'étouffe; j'ai beau respirer, l'air me manque; et mes mains sont brûlantes. Mon Dieu! mon Dieu! qu'ai-je donc?

Et d'assise qu'elle était, se couchant brusquement, elle croisa ses deux bras sur le bord de son lit, et y laissa tomber sa tête.

Ses traits alors se dessinèrent vaporeux et confus, à la lumière incertaine de la lampe; c'était quelque chose d'aérien, d'insaisissable; on eût dit que cette lueur tremblante, qui, tantôt dorée, brillait d'un vif éclat, tantôt obscure, ne jetait plus qu'un pâle reflet, donnait tour-à-tour à ce charmant visage une expression de douce sérénité ou de profonde amertume.

Mais étaient-ce bien des ombres et des lumières factices qui éclairaient ou assombrissaient ce jeune front? N'était-ce pas plutôt cette âme de vierge mobile et changeante qui s'y reflétait tour-à-tour sombre ou gaie, heureuse ou souffrante?

Car qui saura jamais le cœur d'une jeune fille, abîme mille fois plus profond que le cœur d'une femme? Entre elles deux, c'est la différence de l'idéal au vrai. Chez une femme l'avenir est fait, arrêté, presque prévu; chez une jeune fille tout paraît voilé, tout est incertitude, désirs vagues, espoir et frayeur, joie et chagrin. Cette âme, c'est une harpe éolienne, vibrant au moindre souffle qui vient effleurer ses cordes sonores ; c'est une harmonie confuse, bizarre, sans suite, incomplète, et qui pourtant ravit et attriste, fait pleurer et sourire.

— Oh! dit Alice, que je voudrais ne pas penser, être fleur, arbre, oiseau, m'envoler dans l'air, ou fleurir au bord d'un ruisseau! Oui, je voudrais être fleur! fleur qui se flétrit et tombe sans regretter sa mère. Mais pourtant qu'une fleur doit être isolée! Et quand le soleil se couche donc, quelle tristesse pour elle! Une fleur, en voici sur la robe que j'avais hier au bal! A voir leurs feuilles si vertes, leurs couleurs si vives, on les croirait véritables. Quel mensonge pourtant! Et dire qu'une pauvre fleur des champs, bien vraie, bien naturelle, serait fanée, morte en un jour, tandis que ces menteuses garderaient encore longtemps leur éclat faux et emprunté!

Et je ne sais quelle rapide et fugitive pensée

lui révéla, dans cette naïve comparaison, l'avantage d'une coquette fausse et froide sur une fille aimante et ingénue.

— Le bal! reprit-elle, — et déjà l'expression mélancolique avait disparu, ses yeux brillaient, et, par hasard la lampe étincelait aussi; — le bal! il était beau ce bal! C'était la danse, des pas qui se croisaient, vifs et animés, des femmes étincelantes de pierreries, des femmes qui souriaient, des hommes qui souriaient, mais la bouche seule souriait. Il y avait sur tous ces fronts de l'ennui et de l'insouciance. Pourtant les diamants scintillaient, les parfums épandaient leurs suaves odeurs, les glaces flamboyaient de mille feux, de mille cristaux, et je ne sais pourquoi tout cet éclat ne remplissait que mes yeux; mon âme resta vide et ne se souvient de rien. Car l'âme n'a pas de mémoire pour ce qui n'est que bruit et vaine couleur. Oh! mon Dieu, que c'est triste de n'avoir pas seulement de quoi se souvenir! Oui, qu'ainsi la vie est triste, triste, dit Alice.

Et déjà ses yeux bleus si doux se baignaient

de larmes; et c'est en soupirant qu'elle se retourna dans son lit, et que, arrondissant ses bras, elle joignit ses deux mains au-dessus de sa tête en enlaçant ses jolis doigts.

Et la lampe touchait à sa fin, et les ombres luttaient contre cette lueur mourante.

A ce moment le regard d'Alice se fixa sur la croix et la branche de buis attachés dans son alcôve.

— Voilà, dit-elle à voix basse, voilà le crucifix de ma mère, la croix qu'elle a baisée mourante, le rameau saint qui a béni son cercueil!

Et une larme roula sur sa joue pâle.

— Cette croix ne m'a quittée ni au couvent ni ici. Le couvent! pourquoi m'a-t-on retirée du couvent? J'y étais si bien! que j'aimais les fêtes de l'église, la vapeur de l'encens! que j'aimais à porter les rubans de la bannière de la Vierge toute blanche et brodée d'or! que j'aimais à chanter avec mes compagnes les beaux cautiques au bruit sonore de l'orgue! Quelle douce et grave musique que celle de l'orgue! Quelquefois elle me faisait tressaillir, elle me faisait mal! Et les roses que nous effeuillions pour la Fête-Dieu ! et les vêtements que nous faisions pour les pauvres mères ! Et nos hymnes au Christ qui se sacrifia pour sauver le monde ! Quel dévoûment ! Aussi, avec quel amour, quelle idôlatrie je chantais ses louanges ! Le servir dans son temple, l'adorer toute ma vie, l'adorer ! car je sens là, oh ! là, dit-elle douloureusement en appuyant avec force ses deux mains sur son sein qui bondissait..., oh ! je sens là un immense besoin d'amour et de sacrifice.

Elle reprit après un moment de silence :

— Pourquoi m'emmener, me faire quitter la France ? j'aurais été si heureuse au couvent ! Aimer le Christ, le prier tout le jour, le prier surtout ! Y a-t-il quelque chose au-dessus de la félicité qu'on éprouve à le prier ? Oui, peut-être à le prier pour quelqu'un. Mais je suis injuste : je vais rejoindre mon père qui me laissa tout enfant. Et pourtant, malgré moi, ce voyage m'attriste et m'oppresse ; l'idée seule de voir mon père vient quelquefois rendre mes pensées moins sombres. Oh ! mon

Dieu, dit-elle, pitié, pitié pour moi, si ce voyage doit m'être fatal !

Et la lampe s'éteignait. A peine, à de longs intervalles, sa flamme un instant ranimée éclairait faiblement la chambre et dessinait sur les murs de larges ombres tremblantes et fantastiques.

Le cœur d'Alice se serra. Elle eut presque peur ; et, poussée par ce besoin qu'éprouvent quelquefois les femmes de jeter leur sort aux mains du hasard et d'y chercher la science de l'avenir, elle s'écria avec une singulière exaltation, mais d'une voix ferme et convaincue :

— Je suis à jamais vouée au malheur sur cette terre, si la lampe expire avant que j'aie dit trois fois : Ma mère, qui es au ciel, prie Dieu pour ton enfant !

Et Alice, pâle, haletante, commença d'une voix altérée :

— Ma mère, qui es au ciel, prie Dieu pour ton enfant !

La lampe vacilla et jeta une faible lueur.

— Ma mère, qui es au ciel, prie Dieu pour ton enfant !

La lampe pétilla en lançant une vive clarté. Le cœur d'Alice fut soulagé d'un poids énorme, et confiante elle continua :

— Ma mère, qui es au ciel.....

Mais la lampe pâlissante frissonna et s'éteignit avant qu'elle eût achevé sa prière.

— Oh! ma mère, je suis perdue! s'écria la jeune fille d'une voix déchirante.

Et, sanglotant, elle tomba, sa tête cachée dans ses mains.

A peine une minute s'était-elle écoulée, qu'elle releva son visage baigné de larmes, comme pour jouir avec amertume des ténèbres qui lui prédisaient un avenir si funeste. Mais quelle fut sa surprise, sa joie, quand elle vit un doux et faible rayon du soleil, qui, bordant ses volets d'une légère lueur dorée, se jouait dans la chambre, et allait s'épanouir sur le Christ d'ivoire et le rameau béni, qu'il semblait entourer d'une pâle auréole de lumière.

Cette tendre et mystérieuse clarté, si inattendue, si rassurante, qui se glissait au milieu de cette profonde obscurité, comme l'espérance dans un cœur souffrant, vint calmer la jeune fille et rendit sa tristesse moins cruelle.

— Oh! ma mère, tu as entendu ton enfant! dit-elle avec ivresse, avec délire, en s'agenouillant pour remercier Dieu.

Puis, fatiguée des émotions si vives et si diverses qu'elle avait évoquées, elle ferma ses yeux encore humides, entr'ouvrit ses lèvres roses, et les derniers mots qui s'exhalèrent avec sa fraîche et voluptueuse haleine furent :

— Ma mère... les anges du ciel... bonheur!

Et elle s'endormit entre une larme et un sourire.

Dors, jeune fille, dors! Fasse le ciel que ce rayon matinal soit l'aurore d'un beau jour pour toi! Dors! Alice, qu'un songe gracieux et pur comme ton cœur vienne te bercer.

Dors, enfant! peut-être les regretteras-tu, ces nuits agitées, cruelles et presque sans sommeil.

Pauvre enfant, après avoir respiré l'atmosphère de ce monde brillant et paré, où tout est fleurs, parfums et lumière, ivresse et volupté, désirs brûlants et folles amours.

Peut-être les regretteras-tu, ces longues

heures de solitude et de tristes rêveries ; peut-être, au milieu d'une gaîté convulsive et menteuse, les regretteras-tu, ces douces larmes que tu versais toute seule en pensant à ta mère.

Peut-être regretteras-tu ton monde à toi, ton monde idéal que tu créais pour toi, que tu peuplais pour toi ; ton monde où tu étais souveraine, où, évoquant vingt avenirs, tu pouvais, insouciante et capricieuse, les effacer d'un souffle.

Dors, Alice ! et si ton cœur virginal pouvait jouir des tourments que tu causes, je te dirais que depuis hier soir le fils du lieutenant de *la Salamandre,* que Paul, le beau et timide Paul, que tu ne connais pas, est assis, pleurant, malheureux, au pied des rochers qui entourent le mur de ton jardin d'orangers, espérant toujours entrevoir ta figure d'ange à travers leur épais ombrage.

CHAPITRE XII.

L'AUBERGE DE SAINT-MARCEL.

<blockquote>
C'est, je vous en avertis, une taverne peu commune.
BURKE, <i>la Femme folle.</i>

A los Borrachos... felicidad.
JUANILLO BERÈS.
</blockquote>

L'auberge de Saint-Marcel est une hôtellerie provençale située tout au plus à une demi-lieue de Saint-Tropez, assez proche de la côte, isolée, tranquille, éloignée de toute habitation, vaste, commode, en un mot une excellente taverne, une digne taverne, dans laquelle les buveurs ne sont au moins gênés ni par l'importunité des *convenances sociales,* ni par l'exigence des règlements de police.

Aussi les marins qui venaient par hasard mouiller à Saint-Tropez affectionnaient singulièrement cette hôtellerie.

Après chaque campagne ils descendaient bien vite à terre, pour accourir joyeusement à cette chère auberge, toujours avenante, toujours gaie, toujours prête à les recevoir de son mieux, de quelque opinion qu'ils fussent.

En vérité, pour ces pauvres matelots, cette taverne était comme une maîtresse qu'on est toujours sûr de retrouver après une longue absence, et qu'on n'interroge jamais sur les jours passés, pourvu que son accueil soit cordial et franc.

Or l'accueil de l'auberge de Saint-Marcel était toujours cordial et franc; un peu intéressé, il est vrai; mais que voulez-vous? Le vieux Marius, son possesseur, industriel assez versé dans l'étude des sciences abstraites, avait établi une échelle de proportion qui lui démontrait mathématiquement que l'argent des marins valait pour eux cinq fois moins que pour d'autres, par l'immense facilité avec laquelle ils le dépensaient : aussi leur faisait-il mathématiquement payer cinq fois la valeur de tout ce qu'ils consommaient chez lui.

Voilà pour le *moral* de l'auberge de Saint-Marcel.

Quant au *physique*, elle était blanche, avec une jolie terrasse entourée d'une légère balustrade de bois, où serpentait une de ces belles vignes du midi, aux feuilles si vertes, au corps brun et noueux ; enfin les volets étaient peints en rouge, d'un vilain rouge, par exemple, d'un rouge de sang.

Et puis une modeste enseigne, représentant saint Marcel, se balançait au-dessus de la porte principale, abritée par une espèce d'auvent, formé par la saillie d'un grand balcon.

Il y avait encore un bouquet de platanes et de tilleuls qui ombrageaient les tables de pierre dispersées çà et là sous cette délicieuse verdure.

Ce jour-là, il était assez tard, et le soleil disparaissait derrière les montagnes, en jetant des reflets éclatants et dorés sur les murailles blanches de l'auberge ; le ciel était pur, l'air calme, enfin tout annonçait un beau soir d'été.

Et il n'y a rien de tel qu'un beau soir d'été pour prolonger un gai repas, à la lueur douteuse de la lune; pour aspirer avec délice la brise de mer qui vient rafraîchir un front brûlant, rougi par un vin généreux.

Or, à entendre les cris et les chants qui retentissaient alors dans l'auberge de Saint-Marcel, on pouvait présumer que la brise aurait bien des fronts à rafraîchir ce soir-là.

On pouvait aussi juger de l'importance des hôtes qui y banquetaient alors:

Par trois voitures dételées et abritées sous un hangard;

Par un bruit, un tapage infernal, qui faisaient trembler le peu de vitres qui restaient encore, les portes, les volets, et agitaient jusqu'à la paisible et sainte image de saint Marcel, qui frissonnait au bout de son support;

Par les plats, bouteilles vides ou pleines, verres, chaises et meubles qui, partant de temps à autre des trois grandes fenêtres du balcon, s'élançaient rapides, décrivaient paraboliquement leur courbe, et allaient éclater çà et là comme des bombes;

Par des chapeaux, des habillements de toutes sortes, des carriks, des schalls, des bottes à revers, des toques de femmes, et cinq ou six paires de bretelles qui prenaient à l'envi le chemin des assiettes et des chaises.

Mais aussi il est vrai de dire, il est juste de déclarer que jusque-là on n'avait jeté par la fenêtre ni homme ni femme. Il paraîtrait pourtant que ce genre de projectile allait succéder aux autres : car on vit descendre de la terrasse, attaché au bout d'un drap, le propriétaire de l'auberge, le père Marius, pâle, défait, se tordant, se démenant, jurant et maugréant.

Les mains invisibles qui tenaient le drap se trompant — on ne peut pas tout savoir — se trompant sur la véritable hauteur de la maison, lâchèrent un peu trop tôt, et le vieux Marius parcourut, ma foi très rapidement, onze pieds qui lui restaient à descendre pour prendre terre.

Il tomba sur les genoux en disant avec son accent provençal :

— Damnés chiens de ponantais*! nous al-

---
* Les Provençaux désignent ainsi les gens du Nord.

lons voir ! Et d'un bond il se releva et se précipita vers la porte : elle était fermée.

Alors Giromon — le marin qui habillait des hommes en commissaire pour s'amuser à les battre — Giromon parut au balcon.

C'est assez dire que ces hôtes turbulents n'étaient autres que les flambarts de *la Salamandre qui avaient reçu leur paie hier :* on le sait.

Giromon parut donc au balcon. Mais dans quel état, mon Dieu ! Le visage pourpre, violacé, incandescent, les yeux brillants comme des étoiles ; les cheveux poudrés — le malheureux s'était fait poudrer par luxe ; — vêtu d'une chemise à manchettes et à jabot de la plus fine batiste, d'une vaste culotte de soie noire et d'un habit marron qui regrettait déjà son collet, une manche et un de ses pans.

Il interpella Marius qui hurlait de terribles imprécations.

— Nous t'avons prié de descendre, vois-tu? vieux sorcier, parce que tu nous sciais le dos avec tes : *Allez-vous-en.*

— Mais, gueux que vous êtes, dit l'autre,

depuis cette nuit vous brisez tout chez moi ; vous défoncez mes tonneaux !

— On te les paira.

— Vous cassez mes tables ?

— On te les paiera.

— Vous cassez mes chaises, mes verres, mes...

— On te les paiera, on te les paiera.

— Vous avez déjà manqué de mettre deux fois le feu à ma maison ?

— On te la paiera. Mais j'y pense, on va te la payer ta maison ; et alors elle sera à nous, et si tu as le malheur d'en approcher, tu danseras une danse où les entrechats se feront sur tes reins. Voyons ! combien vaut-elle, ta cassine ?

Et Giromon leva la tête, regarda attentivement de côté et d'autre, comme un architecte expert, et dit :

— En veux-tu dix mille francs avec tout ce qui est dedans, et tu nous laisseras la paix, hein ? Allons ! c'est fait, ta cassine est à nous ; et avant de nous en aller nous ferons avec un feu de Saint-Jean ; c'est justement aujourd'hui le jour. Et pour te prouver que les flambarts sont de bons enfants, ce sera pour toi la braise.

Et Giromon, enchanté de son idée, rentra, malgré les dénégations de Marius.

Car Marius épouvanté, frissonnait parce qu'il savait les matelots capables d'être de l'avis de Giromon et de comprendre, d'adopter cette idée bizarre.

Cinq minutes après, Giromon reparut avec deux pesantes sacoches.

— Voilà ta somme, chien de mangeur d'huile* : maintenant ta maison est à nous. Prends de l'air, ou nous descendons t'appuyer une chasse. Allons, file ! tu nous gêne, et ça nous rend honteux et ces dames honteuses. Voilà ton argent.

Et les sacoches tombèrent lourdes en faisant entendre un tintement sourd et métallique.

Marius les ramassa ; puis il s'écria :

— Ah ! vous me chassez de chez moi, voleurs, pillards, brigands, buonapartistes que

---

* Les gens du Nord appellent ainsi les Provençaux.

vous êtes. Je sais bien ce qu'il y a à faire, allez, scélérats de ponantais ! Et s'adressant à Giromon : — Tu vois bien mes volets, ils sont rouges, eh bien ! il y aura bientôt ici de quoi les reteindre, et c'est vous qui fournirez la couleur ! Et il disparut avec les sacoches.

— Tu dis, vilain chameau, que nous repeindrons tes volets? Comme c'est à nous, nous les repeindrons si nous voulons, entends-tu ? Est-ce que nous sommes tes esclaves, eh ! chien de mangeur d'huile? Oui, oui, tu fais bien de filer, sans quoi ton compte était bon.
— Enfin, dit Giromon avec un profond soupir de joie intime et de satisfaction complète, enfin nous sommes chez nous ; nous voilà ce qui s'appelle chez nous.

Et il entra dans la salle avec cet aplomb, cette confiance du propriétaire qui marche sur son terrain.

Il rentra. Quel spectacle et quel bruit !..

CHAPITRE XIII.

BEAUX-ARTS.

> Pas de chagrin qui ne soit oublié
> Avec les *arts et l'amitié.*
> M. Scribe.
>
> Les femmes étaient là comme partout, parées,
> musquées et coquettes, une vie çà et là.
> Jules Janin, *la Confession.*

Oh! n'aimez-vous pas une de ces imposantes symphonies où cent musiciens attentifs concourent à exprimer un seul son composé de mille sons, une harmonie unique composée de mille harmonies; où cent musiciens lisent enfin d'une seule et grande voix, un immense poëme musical tour à tour vif et triste, folâtre et passionné?

N'aimez-vous pas à songer avec admiration, que ces bruits si divers, si opposés, se perdent se fondent, en un seul, et que ces extrêmes ne se touchent que pour s'unir en une mélodie ravissante? car ce sont les éclats retentissants et métalliques du cuivre, et les cris doux et plaintifs du basson, les doux accords sourds et caverneux des instruments à cordes, et les chants purs et suaves des flûtes, les vibrations sonores de la harpe et les roulements funèbres des timbales. Quels contrastes de sons !

Et penser que tout cela a sa phrase ou son mot à dire, que tout complète l'effet général; que depuis le solo ambitieux des premières parties jusqu'au tintement modeste du triangle d'acier, tout a la même importance, le même pouvoir, pour rendre l'harmonie expressive et grandiose.

Si vous aimez tout cela, alors vous aimerez, vous admirerez l'immense et tonnante voix de l'orgie qui rugissait dans la taverne de Saint-Marcel.

Mais je vous le jure, il n'y avait pas non plus un bruit, un son à retrancher dans cette sauvage harmonie; car cette harmonie aussi a ses exigences et ses règles immuables ; une orgie d'une belle facture, c'est si peu commun ! il faut tant de choses pour compléter sa mélodie à elle !

Il faut de tout, depuis les rires fous jusqu'aux pleurs de rage ; de tout, depuis les refrains joyeux jusqu'aux blasphèmes et aux hurlements, il faut aussi des cris de fureur aigres et perçants ; il faut des voix de femmes au timbre encore pur et frais, mais qui commence à trembler. Il faut des gémissements sourds, des hommes qui tombent lourds et avinés. Il faut les imprécations, les injures des gens qui se querellent, des mots de défi, des bruits de soufflets et des cris de mort. Le cliquetis et le froissement d'épées qui se croisent est aussi d'un admirable effet. Mais malheur ! c'est aussi rare qu'un véritable tam-tam dans un orchestre.

Que vous dirai-je ! il faut la sonorité mordante des verres et des bouteilles qui éclatent; il faut l'aigre grincement des fourchettes que les ivres font crier sur la porcelaine.

Enfin là aussi tout est important, nécessaire, depuis les trépignements frénétiques d'une ronde en délire qui tourne et bondit, jusqu'au doux bruissement d'un baiser pris et rendu dans l'ombre ; il faut de tout ; vous dis-je !

Et il y avait de tout cela dans la grand'salle de la taverne de Saint-Marcel, qui tremblait dans ses fondements aux accords de cette harmonie complète, oh ! bien complète, mais bizarre, mais effrayante comme ces bruits sans nom qui s'échappaient des bouches de l'enfer du Dante.

Car les marins de *la Salamandre* étaient si heureusement doués par la nature qu'ils improvisaient d'une manière admirable les différentes parties de *l'œuvre* gigantesque qui s'exécutait dans l'hôtellerie du respectable Marius.

Braves musiciens, bien nés pour cette musique !

Mais c'était peu encore, que d'entendre la musique, il fallait voir le tableau ! car si l'orgie avait sa mélodie à elle, elle avait aussi sa couleur à elle.

C'était une couleur puissante et sombre, une couleur vive, tranchée, heurtée ; des tons doublés d'éclat et de vigueur : car sur les visages le blanc devenait pourpre, le pourpre violet, et le violet bleu. Les yeux ne brillent pas, ils flamboyent. Les veines ne sont pas gonflées, elles sont convulsivement tendues, tendues à casser. Et ce n'est pas tout ! l'orgie a aussi des formes comme elle a une couleur. Les corps semblent n'avoir plus de charpente osseuse, à voir leurs poses molles et flasques, à les voir non tomber, mais s'affaisser et ployer sur eux-mêmes; les angles s'émoussent, les saillies s'effacent, s'arrondissent. Et c'est grand dommage, en vérité, car le dessin y perd ; et si le dessin répondait à la couleur, ce serait sublime. Enfin l'atmosphère elle-même change et se colore d'une vapeur chaude et rougeâtre qui, voilant le tableau, lui donne je ne sais quelle apparence mystérieuse et fantastique d'un effet prodigieux.

Et voyez comme souvent la nature se plaît à parfaire des organisations complètes ! Ces dignes marins de *la Salamandre,* déjà si heureusement doués par elle pour faire de la musique, ne l'étaient pas moins pour faire de la peinture en action, de la peinture chaude et vigoureuse, de la peinture doublée, que dis-je, doublée? quadruplée de ton.

Et l'on peut dire aussi : braves peintres, bien nés pour cette peinture.

Vous avez entendu : maintenant regardez !

Au milieu d'une vaste salle aux solives noires, à peine éclairée par la lumière tremblante et indécise de quelques lampes de cuivre, s'allongeait une table énorme, couverte de débris de verres, de bouteilles et de plats; une table toute salie, toute souillée, toute tachée de vin.

Et autour de cette table hurlait, glapissait, tonnait, buvait, et rebuvait l'équipage de *la Salamandre*, habillé grotesquement, ivre, débraillé, hébété, et brisé par des excès de tout genre.

Puis de loin en loin, comme pour contraster avec ces visages bruns et empourprés, apparaissent les figures pâles et marbrées de quelques pauvres filles, amenées là par leur mauvais destin.

Enfin sur quatre-vingts matelots, il n'y en avait, au plus, au plus, que trente ou trente-cinq d'ivres morts qui se tordaient ou dormaient sous la table.

Les gens raisonnables tenaient, eux, de gais propos en achevant quelques bouteilles oubliées.

— Enfin, dit l'un en brisant un flacon dont il avait à peine bu le quart, — enfin, c'est vivre, çà !

— Oh ! criait un autre en prenant avec amour et licence la taille de sa voisine — car le véritable amour est fort impertinent, parce que le respect c'est de l'indifférence ; — oh ! Theréson, je t'aime et je t'adore. Je le dis tout haut, sans crainte de te compromettre, parce qu'après tout nous ne sommes pas... des curés.

— Eh ! Parisien, disait Giromon, c'est pas dans ton Paris qu'on fait de ces festins, de ces bastringues-là ? De vingt-trois mille francs que nous avions hier à nous tous, la maison payée et brûlée, demain il ne nous restera pas un gueusard de sou, un scélérat, un gredin de sou, mille tonnerres! Et il frappait sur la table avec un air de joie et de satisfaction impossible à décrire.

— Et n'y a pas à dire, ajoutait un autre, n'y a pas à dire que d'autres que les flambarts de *la Salamandre* casseront des bouteilles et caresseront des filles ici, au moins. Après nous la fin du monde. Un feu de joie de la maison, et on dira dans le pays : C'est l'équipage de *la Salamandre* qui s'est drôlement amusé ; voilà des êtres bien heureux !

— Et ça sans remords, au moins, bégayait le Parisien. On a une famille... on satisfait à sa famille et aux... aux... enfin aux choses de la nature. Moitié de la paie pour la nature, et l'autre moitié pour la folie ; car, vois-tu ? nous nous consacrons à la folie, Giromon.

— Je le crois, cordieu bien ! dit ce dernier avec une gravité ivre qui eût fait honneur à un juge.

— Mais, reprit le Parisien, pour dessert, qu'est-ce que nous pourrions bien faire ? Si nous envoyions les femmes par la fenêtre, pour jouer à pile ou face ?

Les femmes se regardèrent fort émues.

— Non, Parisien : nous en répondons.

— Si nous nous f... des coups entre nous.

— Oh! la bonne idée! la bonne idée! ça va, Parisien. Eh! mais, prends donc garde à toi, eh! Richard. En voilà encore un qui porte fameusement la voile! il est déjà à la cape. Allons file : c'est ça, sous la table, va donc! Ils vont s'abîmer là-dessous, ils vont se mordre, c'est sûr. En voilà-t-i! en voilà-t-i! Eh! dis donc toi, la belle blonde : veux-tu pas jouer à enfoncer toute cette serviette dans la bouche de Benard? Mais finis donc! vois donc ses yeux, comme il les ouvre. Quelle bêtise! il n'en mange pas de serviettes; çà l'étoufferait! Je te dis qu'il va étouffer. Là, là, te voilà bien avancée. Ah! es-tu bête, va!

— Bon, bon, encore un d'affalé, reprit Giromon en voyant tomber Benard à moitié suffoqué; le vin les détruira, c'est sûr, et ils périront par le vin. Et des vrais flambarts... Quel malheur! Oh! dis donc, Parisien : pour les conserver à leurs respectables parents et à leurs amis, si nous fumions ceux qui sont soûls ? dit Giromon. En êtes-vous, les autres?

— Oui, oui, crièrent ceux qui restaient sur leurs jambes, fumons-les, car ils pourraient s'avarier.

— Le cochon fumé se conserve bien mieux, dit un plaisant.

— Oui, oui, c'est ça. C'est pour leur bien, d'ailleurs ; et ils verront qu'ils n'ont pas affaire à des ingrats.

Et on dérangea la table, et on plaça les ivres-morts croisés les uns sur les autres; puis on les entoura de chapeaux de paille, d'écharpes de femmes, de serviettes, de bâtons et de paille arrachés aux chaises.

Les malheureux se laissaient faire, articulaient quelques plaintes étouffées, quelque plaisanterie bouffonne, pleuraient ou riaient à demi ; seulement ceux qui supportaient le poids de ce bûcher humain faisaient entendre de sourds gémissements.

— Tiens! bégayait l'un, on nous met en pile comme des mâts de rechange. Alors nous sommes des matelots de rechange.

— Qu'est-ce donc, murmurait un autre,

qu'est-ce donc qui prend mon dos pour son hamac et ma tête pour son sac ?

Et cent autres propos que le Parisien interrompit en criant :

— Allons ! fumons..., fumons...

— Ils vivront cent ans de plus, cria l'un.

— Faut-il que nous soyons bons enfants ajouta l'autre.

— Et, en se réveillant, dit Giromon, seront-ils étonnés de se trouver conservés comme s'ils sortaient d'un tonneau !

— Allons ! allons ! au feu..., fumons-les...

Et la lampe s'approcha d'un énorme monceau de paille de chaises qui devait communiquer rapidement la flamme à tous les linges et vêtements qui les entouraient.

— Allons ! c'est dit, les autres ?.. demanda encore le Parisien.

— Je le crois, cordieu, bien ! Et rappelle-toi, mon garçon, qu'un bienfait n'est jamais perdu, ajouta philosophiquement Giromon.

— Adieu, vat... alors, dit le Parisien.

Et la mèche de la lampe s'approcha des combustibles.

A ce moment, si critique pour ces malheureux qu'on allait fumer si philanthropiquement, d'effroyables cris retentirent au dehors, et la maison trembla sous les coups réitérés qui ébranlaient la porte massive de l'hôtellerie.

La lampe tomba des mains du Parisien qui, suivi de Giromon, s'élança à une fenêtre qu'il entr'ouvrit.

— Nous sommes f....., dit-il au Parisien, Tiens, regarde.

— Bah! reprit l'autre, c'est notre dessert qui nous arrive.... Justement, nous ne savions que faire!

CHAPITRE XIV.

LE PICHON JOUEIC DEIS DIABLES *.

> Là, crève.... Soyez tranquilles, camarades ; ne prenez pas garde à cette misère.
> SCHILLER, *les Brigands.*

> Le plaisir surpasse de beaucoup la fatigue que nous avions subie pour en jouir.
> SHAKSPEARE, *Richard II.*

L'étonnement ou l'effroi de Giromon était en vérité bien légitime.

A la lueur sanglante d'un grand nombre de torches de résine qui jetaient au loin leurs reflets rouges et venaient brusquement empourprer les parties saillantes de l'auberge de Saint-Marcel, on voyait s'agiter comme des ombres une foule considérable étrangement vêtue, bizarrement éclairée par les jets d'une

* *Le petit Jeu des Diables.* C'est ainsi que se nomme cette bizarre procession. Voir les annales de Provence.

lumière capricieuse qui étincelait aussi çà et là sur des couronnes, des armes ou des vêtements tout luisants d'or et d'argent.

Alors cette singulière cohue paraissait calme, et formait un cercle immense autour de la taverne.

C'était je ne sais quelle corporation composée d'hommes grotesquement habillés en diables, en satyres, en femmes, en dieux, en faunes ; tout cela couvert de clinquant et d'oripeaux, de fange et de haillons qui faisaient encore ressortir l'expression sauvage et féroce de leurs yeux noirs et de leurs visages bruns et tannés.

Quand le tumulte fut tout-à-fait apaisé, un Provençal d'une taille athlétique sortit du cercle. Il était en costume de femme et représentait la reine de Saba dans cette farce ignoble mêlée encore aux cérémonies religieuses les plus imposantes ; on voyait le roi Hérode avec sa mitre de papier doré, Pluton et le Christ, Proserpine et la Vierge, sans parler d'une myriade d'anges, de diables, de démons et de saints subalternes, armés de faux, de fourches, de bâtons, en partie ivres : car à l'occasion de ces sortes de solennités, on faisait de fréquentes stations dans les tavernes, après avoir suivi dans le jour les processions paroissiales de la Saint-Jean et y avoir pompeusement figuré selon un usage qui remonte je crois à Jean Ier, comte de Provence ; or cet usage s'est perpétué de nos jours, et l'autorité municipale fait encore annoncer le programme et la marche de ces hideuses cérémonies.

La reine de Saba avait la figure couverte de fard et de mouches, sa barbe noire était poudrée comme ses longs cheveux, et une robe blanche toute souillée laissait voir ses larges épaules et ses bras velus ; une espèce de mauvais manteau écarlate lui ceignait les reins, et un diadème de carton argenté couvrait sa tête énorme.

Agitant une massue de chêne grossièrement sculptée qui lui servait de sceptre, la reine de Saba réclama le silence et fit retentir une voix qui eût fait honneur à un chantre de cathédrale, et dit dans le patois provençal le plus renforcé, à peu près ce qui suit :

— Mes pichons, il y a ici un ramassis de gueux, de buonapartistes, qui osent faire fête profane le saint jour de la Saint-Jean, et qui ont battu et volé notre brave compatriote le père Marius. Ces chiens de Français*, ces scélérats de Ponantais l'ont chassé de sa maison ; mais heureusement qu'il a trouvé des amis, et nous venons le venger, mes pichons!

— Oui, oui, vengeance! Tue! tue les buonapartistes, les chiens! hurla, vociféra la troupe tout d'une voix en se ruant en tumulte contre la porte qui était heureusement verrouillée à l'intérieur.

— Les gredins ont fermé leur porte! cria la reine de Saba en la frappant à grands coups de sa massue. Voulez-vous ouvrir, chiens que vous êtes? nous venons venger le père Marius.

— Oui, oui, répéta la troupe, vengeance Marius! à mort les buonapartistes!

— On les a chassés de Toulon! chassons-les d'ici!

— Tue! tue! comme à Nîmes, enfants! hur-

---

* Les paysans provençaux disent toujours, en parlant des habitants du reste de la France, *les Français*.

lait la reine de Saba qui rugissait de rage en ébranlant les gonds de la porte.

A ce moment une fenêtre s'ouvrit, et l'on vit apparaître la figure avinée de Giromon, tenant à sa main un goulot de bouteille cassée dont il s'était fait un porte-voix qu'il emboucha immédiatement, et ces mots tombèrent du haut du balcon :

— Ohé! de la canaille de mangeurs d'huile! que hêlez-vous, ohé?

Cette interpellation allait déchaîner un ouragan de cris et de hurlements ; d'un geste la reine de Saba contint sa troupe et répondit :

— C'est toi, gueux de Ponantais, de buonapartiste, qui es de la canaille, que tu as chassé un vieillard de chez lui, et que tu fais la noce un jour de fête de religion, entends-tu? Et si tu ne nous ouvres pas tout à l'heure, il y aura du *rouge*, entends-tu, jacobin? Réponds à cela.

— Toi, vois-tu, dit gravement Giromon ; toi, je prendrai ta robe pour voile de pouiouse; tes jambes pour mâts; tes bras pour vergues; ton corps pour carcasse, et je te f....... à l'eau avec six pouces de lame dans le ventre en guise de lest.

— Tue! tue! le chien! — La reine fit faire silence et dit : — Tu vas voir que...

Giromon l'interrompit et ajouta :

— Attends donc, j'oubliais ; et comme quand tu seras navire c'est ta grosse tête qui servira de figure de l'avant, alors je te baptiserai... *le vilain b...*

Et Giromon ferma la fenêtre, après avoir fait une grimace fort énergique.

— Tron de l'air! dit la reine de Saba, enfonçons la porte, mes pichons! et ne souffrons pas que ces buonapartistes nous molestent.

— Oui, oui, tue! crièrent cent voix.

Et on se précipita sur la porte qui ne pouvait résister longtemps; déjà un ais était rompu, lorsque du balcon qui s'avançait en saillie, une énorme table de chêne lourde et massive tomba d'aplomb sur les assaillants ; la reine de Saba ne fut heureusement pas atteinte, mais cinq ou six démons ou satyres roulèrent écrasés; le roi Hérode fut contus, et la vierge Marie eut l'épaule démise.

Cet incident redoubla la colère des Provençaux, mais calma un peu leur ardeur.

Ils se mirent hors de portée des projectiles de cette nature pour se consulter.

Mais le conseil fut interrompu par Giromon qui reparut à la fenêtre avec son bienheureux porte-voix.

— Ohé! des mangeurs d'huile! voulez-vous nous rendre notre table? nous avons encore quelques bidons à vider et quelques-uns de vos reins à déralinguer.

— A mort! tue le chien! crièrent quelques-uns.

— Laissez-le, mes pichons, dit la reine de Saba; Julien et Jean-Marie *vont revenir.*

— Vous ne tuerez rien du tout, reprit Gironmon. Ah! vous croyez que des flambarts se laisseront fouetter comme des mousses? rien du tout; vous ne tuerez rien du tout, et...

Giromon ne put continuer. Un coup de feu partit; il disparut de la fenêtre, et son dernier mot fut : — S..... lâches!

C'étaient Julien et Jean-Marie *qui étaient revenus* avec des carabines.

— Bien ! bien ! hurla la troupe. Bien ! Ainsi meurent les buonapartistes et les Français !

— Mes pichons, dit la reine de Saba, au lieu d'enfoncer la porte, barricadons-là; et puis nous monterons sur la terrasse : il y a là un judas que je connais ; il donne dans la grande salle, et nous pourrons de là les déquiller à notre aise.

Et la porte fut fermée en dehors, barrée par la table que l'on couvrit de pierres, de poutres, de façon que toute fuite était impossible aux malheureux marins.

L'aspect de la grand'salle était bien changé; plus de cris, plus d'ivresse, plus de joie.

Les flambarts entouraient le pauvre Giromon qui avait reçu une balle dans la gorge, et respirait encore.

Le Parisien, agenouillé, lui soutenait la tête, et les autres, pâles, immobiles, fixaient sur lui des regards stupides.

— Mes bons matelots, dit enfin Giromon d'une voix faible et sifflante, c'est tout de même vexant, d'avoir échappé si souvent aux prunes. D'être un flambart, pour être tué comme un chien enragé! Enfin!... Où est le Parisien?

— Me voilà, mon vieux, mon pauvre matelot.

— Ah! c'est que je vois tout gris, et je ne te reconnais pas. Je suis f...., Parisien.

— Non! non!

— Si. Mais écoute... Promets-moi une chose?

— C'est fait, quoi que ce soit... C'est fait, mon matelot.

— Eh bien! épouse mon épouse, Parisien. Elle n'a pas droit à une pension. Elle creverait de faim après ma mort, et ma petite fille aussi; et cette idée-là, vois-tu, matelot? me rendrait la gaffe fièrement dure à avaler. Enfin, veux-tu? Je sais que ça t'embêtera...

— Oh oui! — Mais c'est égal; ta fille aura un père, mon bon matelot, répondit le Parisien en s'essuyant l'œil avec le poing.

— Maintenant embrasse-moi. Donnez-moi la main, vous autres. Adieu, mes pauvres flambarts! Ça me vexe, de ne pouvoir pas dire adieu au lieutenant et à M. Paul avant de filer mon loch! Mais vous leur direz, car vous les verrez vous autres, si ces chiens-là vous laissent la langue et les yeux.

Ici sa voix s'affaiblit et sa respiration devint de plus en plus sifflante et embarrassée. Les matelots se rapprochèrent.

— Allons! continua Giromon avec effort; voilà que je coule à fond. Adieu, mes vieux flambarts; aussi bien notre temps est passé, voyez-vous? Notre pavillon a déteint; les Anglais nous passent à poupe;... aussi j'aime autant aller voir si les navires de là-haut ont des voiles d'étais et des royales... Adieu, flambarts! Je veux être à l'eau. Entendez-vous? jeté à l'eau avec un boulet de 30 aux pates. C'est le tombeau d'un marin... Adieu, encore! adieu, Parisien. Aime un peu ma pauvre petite fille, ne bats pas trop mon épouse, et... ma foi! vous ne me dénoncerez pas, vous autres; ainsi... vive l'Empereur!

Et il retomba mort.

—Ah! chiens de buonapartistes! Vive l'Empereur! Tenez! en voilà de votre monstre d'empereur, de votre ogre d'empereur!

Et trois coups de feu éclatèrent par l'étroite entrée du judas. Giromon reçut une seconde balle dans la tête — balle perdue ; — le Parisien eut le bras effleuré ; Bernard le canonnier eut l'épaule fracassée, et tomba sur le coup.

—Mais ces gueux-là vont nous tuer comme des mouches ! cria le Parisien. Sortons d'ici, crochons-nous corps à corps, vengeons Giromon !

— A l'abordage, f....., à l'abordage ! Si vous n'avez pas vos couteaux, prenez ceux de la table, ajouta-t-il.

Et il s'élança dans l'escalier qui menait à la terrasse en brandissant un énorme couteau à découper dont il s'était armé.

Malheur ! la porte était fermée, et ils entendaient le bruit sourd que faisaient une partie des Provençaux postés sur la terrasse en démolissant le plafond de la grand'salle, pendant que les autres veillaient aux fenêtres qu'ils avaient barricadées, comme la porte, en se guindant sur le balcon.

Bientôt une grêle de pierres et de plâtras annonça que les assaillants venaient de pratiquer une large ouverture au plafond à la faveur de laquelle les trois escopettes purent jouer dans toutes les directions, et mettre une dizaine de flambarts hors de combat.

Heureusement les munitions manquèrent.

— Mes pichons, dit la reine de Saba, ouvrons la porte de cette terrasse maintenant, et allons les achever. Nos couteaux sont frais, et nous verrons si les Bretons ont du beurre ou du sang dans leurs veines.

— Enfin! crièrent les flambarts, la partie va être égale, quoique vous soyez deux contre un.

— Vous avez voulu du sang! il y aura du sang, dit sourdement le Parisien les dents serrées en entourant son poignet d'une serviette pour mieux assujétir le manche de son couteau.

— Je suis à toi, mon pichon, cuisinier au grand couteau, dit la reine au Parisien en sautant dans la salle.

— Ah! viens donc, belle femme! que je te fasse un collier d'acier français, hurla le Parisien en s'élançant à la rencontre du gigantesque Provençal. Le reste de la troupe s'étant aussi précipité, soit par l'escalier, soit par l'ouverture du plafond, la mêlée s'engagea furieuse.

CHAPITRE XV.

COMBAT.

> UN SOLDAT.
>
> — Ils ont barré le passage, et la porte est obstruée par des cadavres.
>
> UN AUTRE SOLDAT.
>
> — J'ai la tête brisée, camarades. Au secours ! Je n'y vois plus !
>
> BYRON, *la Métamorphose du Bossu.*
>
> Quel beau clair de lune Il fait ce soir !
> *Un danseur à sa danseuse.*

Silence ! pas un cri ! car un cri trahit une blessure !

Silence ! on mord en silence quand on est désarmé ; on égorge en silence, l'on tue en silence et l'on tue beaucoup, car le sang arrose le plancher. Mais pas un cri !

Et cette masse ivre, ardente, se croise, s'étend, se tord, se roule, tombe et se relève.

Ongles et dents, tout est bon pourvu que le sang vienne à la peau. Mais pas un cri!

Silence! excepté le bruit des pieds qui s'appuient, lourds, pour lutter; le soupir qu'on étouffe en mourant, le choc du fer, le grincement de deux lames qui se rencontrent sur la même poitrine — car il faisait obscur, une seule lampe restait — Silence! on n'entend pas un cri!

Et les fenêtres ayant été ouvertes par les assaillants, on voyait, à la douce clarté de la lune, un riant paysage, des bois d'orangers couverts de fleurs, et un frais ruisseau qui serpentait argenté au milieu d'une vaste prairie; puis les lucioles suspendaient aux lauriers roses leurs pyramides de feux chatoyans, et le Poril chantait de sa voix grêle et sonore.

Les cadavres des blessés commençaient à gêner les combattants. On marchait bien sur ces corps, mais ce point d'appui était faux, on trébuchait souvent; et dans une lutte corps à corps, couteau à couteau, morsure à morsure, tout l'avantage est pour celui qui peut, comme ce Provençal, se mettre à deux genoux sur son ennemi, et lui dire avec un cruel sourire, avec deux yeux flamboyants, rouges et fixes :

— Tu es à moi ! tiens donc, enfer ! voilà mon poignard tout frais pour un autre Français !

Ou comme ce marin qui disait à Hérode :

— Ma lame est cassée, mais je briserai tes dents avec le manche. Ah ! le sens-tu ? Je le crois, car tes dents on serré la poignée comme un étau. Garde-le, va ! je prends ta dague. Cordieu ! le manche est bien mouillé ! C'est du sang !... Oh ! que de sang !

Et on voyait, à la douce clarté de la lune, un riant paysage, des bois d'orangers couverts de fleurs, et un frais ruisseau qui serpentait argenté au milieu d'une verte prairie; puis les lucioles suspendaient aux lauriers roses leurs pyramides de feux chatoyans, et le Poril chantait de sa voix grêle et sonore.

— Enfin te voilà ! cria le Parisien à la reine : depuis un quart-d'heure je te cherche pour venger mon matelot, et te mettre au col l'acier que je te promis, belle femme !

— Tu es jaloux de mes faveurs, pichon ! dit le colosse avec un ricanement de hyène.

— Oui, je veux te toucher *au cœur!* répondit le Parisien, qui fut d'un bond sur la reine de Saba.

— Oh! viens, mon pichon, que je t'embrasse : je serai bonne catin. Et pour souvenir je porterai ta tête en fanfaronne, murmura le Provençal en étreignant le Parisien dans ses bras de fer.

Leurs figures se touchaient. Ils restèrent ainsi une seconde, sentant leur soufle s'échapper de leurs narines gonflées.

Tout à coup la reine ouvre les bras en poussant un cri atroce, arraché par la surprise et la douleur.

C'était un mourant qui lui dévorait la jambe.

Le Parisien recula d'un pas, leva son grand couteau, qui tomba d'aplomb et en sifflant sur la poitrine de la reine, et s'y enfonça jusqu'au manche.

— Enfin, j'ai *touché ton cœur!* hein! ma reine? dit le Parisien en retournant son couteau dans la blessure, pour agrandir la plaie.

— Oh oui, tron de l'air! tu m'as touché : mais je te donnerai un dernier baiser d'amour!

Et le Provençal, avec la rage convulsive d'un mourant, se jeta sur le Parisien et le mordit à la lèvre et à la joue, avec une violence telle que ses dents, traversant les muscles, allèrent froisser les dents du marin. Ils tombèrent tous deux.

Et on voyait à la douce clarté de la lune, un riant paysage, des bois d'orangers couverts de fleurs, et un frais ruisseau qui serpentait argenté au milieu d'une verte prairie; puis les lucioles suspendaient aux lauriers roses leurs pyramydes de feu chatoyans, et le Poril chantait de sa voix grêle et sonore.

— Le Parisien est mort crie un flambart.

— Vengeance ! vengeance pour le Parisien !

— Vengeance pour la reine ! crièrent les Provençaux.

Et la mêlée devint plus sanglante, plus profonde. Comme les forces commençaient à s'épuiser, on se mit à blasphémer : rien n'aide comme cela.

Mais les Provençaux étaient en nombre supérieur, protégés d'ailleurs par les habits, les bonnets de cartons qui les déguisaient : les matelots étaient épuisés, eux, par les excès de la veille.

Déjà ils faiblissaient, accablés par la multitude ;

Déjà le succès doublait la force et le courage des Provençaux ;

Lorsque la voix du Parisien vint ranimer les marins. Il était parvenu à s'arracher des dents de la reine, en laissant la moitié de sa lèvre. Il était couvert de sang.

— Courage ! courage ! Si nous laissons notre peau ici, arrachons-en de la leur, cria-t-il.

Et il se jeta à corps perdu sur Proserpine, en disant :

— Je suis galant, ce soir. Que de maîtresses !

Et d'un côté on combattait avec l'acharnement du désespoir, et de l'autre avec la certitude et la conscience d'une victoire que les marins ne pouvaient disputer longtemps.

C'était une effroyable boucherie. Il y avait du *rouge* en effet, comme avait dit la reine de Saba.

Et on voyait, à la douce clarté de la lune, un

riant paysage, des bois d'orangers couverts de fleurs, et un frais ruisseau qui serpentait argenté au milieu d'une verte prairie; puis les lucioles suspendaient aux lauriers roses leurs pyramides de feux chatoyants, et le Poril chantait de sa voix grêle et sonore.

Mais la voix du Poril, à cet instant, ne résonna pas seule; un autre son, grêle aussi, mais aigu, mais perçant, mais pénétrant, vint retentir dans le silence de la nuit.

Et ce bruit, s'approchant de plus en plus, devenait de plus en plus vif, étourdissant, expressif.

On peut le dire, c'était le son d'un sifflet bien connu à bord de *la Salamandre*.

Et l'on devinait que celui qui en tirait ces bienheureuses modulations courait très-fort, car les sons étaient comme accentués par une marche précipitée.

Et les pas d'une troupe d'hommes résonnèrent sur le gazon.

Et une troupe assez nombreuse de marins, commandés par Paul et La Joie, déboucha du bouquet de tilleuls, en criant:

— Courage, enfants! voici du renfort! En avant les flambarts! en avant *la Salamandre!*

Et Paul, voyant les échelles encore plantées près du balcon, s'élança suivi de La Joie qui était sur ses talons; et en une minute tout son monde ayant escaladé le balcon, se précipita dans la grande salle.

Il était temps, je vous le jure!

CHAPITRE XVI.

EN AVANT LES FLAMBARTS !

> Bonheur de se revoir !
> Mme MALIBRAN.

En avant les Flambarts ! en avant la *Salamandre !* furent les premiers mots que crièrent les nouveau-venus en se précipitant au milieu de cette furieuse et implacable mêlée.

Ce renfort inespéré, le bruit du sifflet de La Joie, la voix de Paul, tout cela donna une telle énergie, une telle puissance aux matelots, que la chance tourna, que le combat ne dura qu'un moment : l'avantage décisif, positif, resta à *la Salamandre*.

Les marins étant toujours munis, comme on sait, d'une multitude de bouts de corde et de bitord, on garrotta ce qui restait de Provençaux capables de faire un mouvement, et il y en avait bien peu. Puis on descendit dans la salle basse chercher les femmes qui étaient évanouies et les marins ivres qui dormaient pour la plupart du meilleur et du plus profond sommeil, car, au moment du danger, leurs camarades les avaient portés là pour les dérober à cette sanglante mêlée. Ces pauvres gens se plaignirent fort d'être réveillés si tôt.

— Êtes-vous embêtants! dit l'un. Vous ne pouvez pas vous amuser sans faire un tremblement, un sabbat, comme vous faisiez tout-à-l'heure là-haut?

— C'est vrai, reprit un autre. Amusez-vous, mais laissez les autres dormir.

— Et ne tirez plus de fusées ni de pétards, dit un troisième en étendant les bras et en se retournant pour achever son somme.

Alors, La Joie, dit Paul, faites-les prendre, porter et arrimer dans les embarcations.

Puis, en s'adressant aux nouveau-venus :

— Vous autres, formez une garde échelonnée d'ici à la côte jusqu'au moment de pousser au large, car je crains d'avoir tout le pays sur les bras.

On releva les corps du pauvre Giromon et de onze marins bien dangereusement blessés, et on les descendit afin de les transporter jusqu'à la côte, à bras ou dans les voitures qui avaient promené l'équipage. Les flambarts, assez forts pour marcher et manœuvrer, répartis avec les marins amenés par Paul, furent destinés à conduire les canots à bord de *la Salamandre*.

Quand ce petit convoi fut prêt à se mettre en route, Paul fit une ronde minutieuse pour s'assurer qu'aucun de ses flambarts ne restait dans la taverne, et donna le signal du départ.

— Monsieur Paul, dit le Parisien, j'ai oublié quelque chose. — C'était d'incendier la taverne de Marius.

— Allons, va, et reviens vite : le soleil va se lever, et on est inquiet à bord.

Le Parisien fut à peine deux minutes absent, et reparut aussitôt en disant : — il ne faut pourtant pas gaspiller de l'argent pour rien.

— Marche ? dit Paul.

Le sifflet de La Joie retentit, et la caravane se mit en route. Paul, le dernier, surveillait tout avec la plus minutieuse attention.

On arriva bientôt sur le rivage où étaient mouillées toutes les embarcations de *la Salamandre.*

Les blessés furent placés dans la chaloupe, les gens ivre dans le grand canot.

Paul ordonna d'orienter les voiles, et l'on mit le cap sur *la Salamandre* qui sortait peu à peu de la brume que les premiers rayons du soleil venaient dissiper.

Cet air frais et piquant du matin, frappant les ivrognes au visage, les réveilla un peu, et leur rendit sinon tout-à-fait la raison, au moins la gaîté.

Ce furent alors des chants de fête, des roulades et des accords, des plaisanteries sans fin, que les coups de sifflet réitérés du maître La Joie ne pouvaient comprimer. Ces malheureux n'avaient pas la moindre perception de ce qui s'était passé; et leurs cris de joie contrastaient singulièrement avec les gémissements et les plaintes des blessés de l'autre canot, qui soupiraient vivement après les soins du bon Garnier.

Reste à expliquer comment Paul arriva si à propos au secours de ses flambarts.

Absent de *la Salamandre*, ayant été, selon son usage, rôder autour de la maison d'Alice jusqu'au coucher du soleil, il se disposait à retourner à bord, lorsqu'il rencontra sur la côte vingt matelots sous la conduite d'un maître, que l'on envoyait à Saint-Tropez pour renforcer l'équipage de la corvette.

Eu arrivant auprès de la petite baie qui sert de débarcadère, il fut fort surpris de voir à cette heure toutes les embarcations de *la Salamandre* mouillées là sans qui que ce fût pour les garder.

Il commençait à avoir quelques soupçons, lorsqu'il vit au loin poindre, puis approcher, puis devenir de plus en plus distinct un homme qui nageait ; ce nageur arriva sur la côte ; c'était La Joie, dépêché par le lieutenant, qui, ayant vainement attendu toute la journée, sans aucun moyen de communication, s'était décidé à envoyer La Joie aux informations, et à lui faire faire à la nage la lieue qui séparait *la Salamandre* de la côte.

La Joie raconta tout à Paul ; celui-ci, frémissant sur les suites de cette désertion, sachant la haine que les Bretons et les Provençaux se portaient, leur différence d'opinion et leur caractère implacable, se mit à la tête des nouveau-venus ; et, suivi de La Joie, qui s'habilla fort décemment, grâce à la précaution qu'il avait eue d'apporter ses habits attachés sur sa tête, ils parcourent toutes les tavernes de Saint-Tropez sans rencontrer les flambarts.

Enfin, La Joie se rappela l'auberge de Saint-Marcel pour y avoir été quelquefois *causer* avec son matelot Bouquin, et, vu son état d'isolement et de tranquillité, la soupçonna fort, cette brave hôtellerie, de recéler les marins de *la Salamandre*.

Or, on sait qu'il ne se trompait pas, et qu'il arriva bien à temps pour empêcher de finir le le massacre des pauvres flambarts qui maintenant sont en sûreté et regagnent la corvette à toutes voiles.

Enfin, Dieu est Dieu et Mahomet est son

prophète, mais le destin ne pouvait destiner à périr sous le couteau des assassins un aussi brave équipage, si musicien, si peintre, si fou dans ses orgies, si gai dans le combat.

Un équipage qui s'individualisait en un seul homme ; la même volonté, les mêmes désirs. Faut-il boire ? buvons ! Faut-il tuer ? tuons ! sans rancune contre la fatalité qui change un jour de folle joie en carnage sanglant et acharné : mon Dieu ! non, il est surpris, voilà tout, et se demande : Qu'est-ce qui aurait dit cela hier.

Et puis si cet équipage avait péri, que serait devenue *la Salamandre,* s'il vous plaît ? car cet équipage c'est sa vie ! son sang !

Cet équipage qui circule dans ses batteries, dans ses ponts, dans ses mâts, dans ses hunes, qui se divise dans les rameaux infinis de ses cordages.

Mais c'est le sang qui circule dans les artères, dans les vaisseaux, dans les veines.

C'est le sang qui anime le corps, c'est l'équipage qui anime *la Salamandre,* qui lui donne un air de vie, de fête, d'existence ; c'est son cœur, c'est sa tête. Alors elle frémit, elle tremble ; elle va, elle vient, elle a une voix, un souffle, la vie s'échappe de tous ses sabords ; alors elle est entourée de ce bruit inexplicable qui n'est pas un bruit, mais qui s'exhale de toute créature vivante, est-ce un écho de la pensée ? de l'animation ? je ne sais, mais enfin ce bruit vous dit : — Ceci existe.

Et sans ce bruit *la Salamandre* n'existerait pas.

Voyez-la plutôt là, toute seule, toute triste, privée de son équipage depuis hier... C'est le silence, c'est le sommeil de la mort. Comme elle est froide et incolore ! comme elle est lugubre ! On dirait d'un de ces corps pétrifiés que les magiciens des ballades frappaient d'un trépas passager.

Mais, bon magicien, l'as-tu donc touchée de ta baguette, que la voilà qui frémit dans toute sa membrure, qui balance doucement ses vergues, qu'un frissonnement de plaisir court dans ses agrès. Oh ! voilà qu'elle remue ! voilà qu'elle s'agite ! voilà qu'elle existe !

Elle existe : car son équipage est arrivé à

bord. Elle existe : car sa batterie est pleine, ses ponts garnis, ses hunes remplies.

Elle existe ! Aussi voyez comme son aspect a changé : elle n'est plus triste, elle n'est plus morne, elle n'est plus froide et honteuse comme une femme qui n'a qu'un amant... Elle est fière, elle est hautaine, elle est heureuse, elle est souriante, elle fait la belle, se mire dans les flots... Elle coquette, se penche et se redresse en faisant chatoyer l'éclat de ses mille pavillons ; elle est radieuse, libertine, insolente !

Et puis, quand ce pauvre soleil vient la couvrir pompeusement d'une robe d'or et de pourpre, elle reçoit cet hommage avec indifférence et dédain, comme une courtisane blasée qui se laisse envelopper avec insouciance des tissus les plus riches et les plus étincelants.

CHAPITRE XVII.

RETOUR.

A vrai dire, c'était un triste sommeil, entrecoupé de clameurs et de sursauts.
JULES JANIN, *la Confession.*

Dignus est intrare in nostro docto corpore.
MOLIÈRE, *le Malade imaginaire.*

On l'a dit, d'après les instructions de Pierre, La Joie s'était jeté à la nage afin d'aller à terre et de tâcher de trouver le moyen de ramener une embarcation pour rétablir la communication.

Aussi le lieutenant, l'enseigne, le commissaire et le docteur furent-ils agréablement surpris de voir les quatre canots arriver à pleines voiles.

— Je m'étonne que ce vieux La Joie ait aussi vite réussi, dit Pierre.

— Que diable veux-tu ? répondit le méde-
il n'y a pas grandes ressources à terre ; du vin,
du vin, et puis du vin, voilà tout, aussi ils
vont nous arriver dans un état...

— J'espère, lieutenant, dit le commissaire,
que vous allez en faire un exemple sévère ?

— Je sais mon devoir, Monsieur.

— Mais taisez-vous donc, commissaire, dit
le vieux Garnier ; est-ce que vous savez ce que
c'est qu'un marin ? est-ce que vous croyez que,
lorsque ces pauvres diables-là, après deux ou
trois ans de campagne, vont prendre à terre
un jour de bon temps, ils ont grand tort? Je
vous donne six mois, à vous, qui vous plai-
gnez déjà de la vie de bord, et puis nous verrons.

— Mais, Dieu me damne, dit Merval, il y a
du sang et des morts dans les embarcations !

— Dites donc du vin et des ivrognes ! dit
Garnier.

— Non, pardieu ! Merval a raison, reprit le
lieutenant en braquant sa longue vue ; j'en
étais sûr ! une rixe, des coups échangés avec
les Provençaux, une affaire d'opinion, peut-

être? Malédiction! mes pauvres flambarts, mes pauvres matelots! Et Paul, et mon fils!

— Soyez tranquille, dit Merval, je le vois. Il tient le gouvernail de la chaloupe. Il n'a rien.

— Diable! dit le docteur; à mon coffre, de la charpie, du linge! Voilà, par exemple, bien du sang perdu! Enfin c'est égal.

Et le bonhomme descendit à sa chambre.

— Et voilà ce qu'il y a de pénible, Merval, disait le lieutenant; voilà de braves, de loyaux marins dont j'excuse la conduite, parce que je connais les privations qu'ils endurent si courageusement, et il faut que je les reçoive à bord avec dureté, avec rigueur; que je sévisse.

— Bah! bah! dit l'enseigne, vous traitez vos matelots trop doucement; les Anglais...

— Les Anglais, les Anglais, Monsieur, n'ont pas du sang français dans les veines. C'est à coups de corde que vous les conduisez au feu, et celui-là a un triste courage, Monsieur, qui ne se bat que placé entre deux périls ou gorgé de rhum et de vin. Je n'ai fait donner des coups de corde ici que onze fois depuis neuf ans,

Monsieur : j'ai vu mes flambarts au feu, et je sais ce qu'ils y font.

— Chacun son opinion, lieutenant. Mais voici nos hommes.

En effet, les embarcations avaient accosté, mais pas un matelot ne parut sur le pont. Honteux, confus, ils sautèrent tous par les sabords : il n'y eut que les blessés qui furent hissés à bord, ainsi que le pauvre Giromon.

Paul mit l'état-major au fait de tout, et le lieutenant ordonna au maître La'Joie de faire monter l'équipage sur le pont.

Les marins parurent, la tête baissée, insouciants et résignés.

Pierre se plaça sur son ban de quart, prit sa figure sévère, et dit :

— Tout homme qui abandonnera le bord sans permission sera puni de huit jours de fers. Quand cet abandon a le caractère de complot et de désertion, les chefs seront punis de vingt coups de corde. L'équipage de *la Salamandre* est dans ce cas : nommez-moi les chefs.

Il savait bien, le digne officier, qu'il n'aurait pas de réponse.

—Puisque vous vous refusez à les nommer, la bordée qui ne sera pas de quart restera douze heures aux fers par jour, pendant un mois. — Rompez les rangs ! marche ! — La bordée de babord, rendez-vous aux fers. — Capitaine d'armes, veillez-y.

Tout ceci était tellement prévu, connu d'avance par l'équipage, qu'il n'y eut pas un murmure, pas un mot ; et, en vérité, Pierre paraissait plus peiné qu'eux.

— Bonnes, braves gens ! dit-il en les voyant descendre un à un avec insouciance ; pour un jour de plaisir, et quel plaisir ! ils vont recommencer deux ans, trois ans de la vie la plus dure, la plus pénible, et pas une plainte ! Pauvres gens !... Mais voyons les blessés.

Il rejoignit le docteur, qui allait, venait, jurait, tempêtait dans la batterie où on les avait provisoirement déposés.

— Vous ne pouviez donc pas, brutes que vous êtes, leur disait-il, emporter vos bâtons ou des sabres pour aller à terre, hein ! et m'assommer ces gredins-là ? C'est bien la peine d'être Bretons, de jouer du bâton à deux bouts, pour se laisser égorger comme des imbéciles.

— Mais, major, dit l'un, nous avions nos couteaux.

— Ah oui! vos couteaux! vous êtes encore de beaux ânes pour jouer des couteaux avec ces chiens de Provençaux! Tiens! regarde-moi cette plaie! sont-ce vos épingles qui feraient de ces entailles là? Je vous dis que vous êtes des brutes, des ânes, des animaux. Ah çà, rappelez-vous bien ce que je vais vous dire. Si demain matin je vois, je m'aperçois à la plaie de quelqu'un qu'il a dû souffrir aujourd'hui ou cette nuit, et qu'il ne m'a pas envoyé chercher ou fait réveiller, si je m'aperçois enfin que quelqu'un ait souffert sans me le dire, vous entendez bien?

— Oui, major.

— Eh bien! ce quelqu'un-là ira aux fers pour quinze jours, après sa guérison. Je vous le jure, parce que ce n'est pas la première fois que ça vous arrive, malheureux que vous êtes!

— Mais, major...

— Il n'y a pas de *mais, major!* Est-ce que vous croyez, dit le bonhomme exaspéré, est-ce que vous croyez que vous êtes ici pour souffrir comme des damnés, et moi pour me gratter les oreilles et dormir comme un moine? Est-ce que vous croyez que des gens comme vous, animaux que vous êtes, ne méritent pas tous les soins possibles? Est-ce que ma vie ne vous est pas consacrée, misérables!...

— Si, major! — si, major! dirent les autres avec une peur effroyable, car le bon Garnier exhalait sa philantropie avec une fureur inouïe; si, major! nous savons que vous êtes notre bon vieux major, et que vous nous soignez *crânement*.

— Belle malice! je me souffletterais si je ne le faisais pas. Allons! mes enfants, c'est dit! courage, ce ne sera rien; tranquillisez-vous, et n'oubliez pas les fers si vous souffrez sans le dire!

— Oui, major.

Puis le bon Garnier, tout grondant, rejoignit le lieutenant, qui tenait une lettre ouverte.

— Eh bien! lui dit Pierre, notre commandant, le marquis de Longetour arrive.

— Et quand ?

— Mais on m'annonce de Toulon son inspection pour demain.

— Monsieur Longetour...

— Oui, le marquis de Longetour, capitaine de frégate... Je n'ai pas idée de ce nom-là.

— Ni moi non plus ; et ça m'est égal. Je retourne à mes blessés ; j'ai oublié de leur dire quelque chose.

Et, pendant le jour qui suivit, l'arrivée du nouveau commandant fut le sujet de tous les entretiens à bord de *la Salamandre*.

LIVRE IV.

CHAPITRE XVIII.

COQUETTERIE.

> Ah! quoique portée à un vice décent, tu es chaleureuse, mais non libertine; éblouie, mais non aveugle.
>
> BYRON, *la Walse.*

> — Quelle toilette! Mais ce prétendu est affreux, ma chère!
> — C'est un homme...
>
> *Réponse de femme.*

Vrai Dieu! quelle toilette! quel luxe! quelle grâce!

Oh! ce n'est pas la tournure raide et empesée d'une ourque danoise, sèche et droite comme une vieille fille, ou la taille massive et carrée d'une bonne grosse galiotte hollandaise, lourde et épaisse comme une ménagère.

C'est quelque chose de fin, de souple, d'élégant, de voluptueux.

Car elle se met si bien, *la Salamandre!* Elle a tant et tant de goût!

Et puis, voyez-vous, une corvette comme elle ne suit pas les modes, elle les invente. Aussi la première elle porta des voiles de perroquet démesurément échancrées.

La première, elle peignit en rouge l'intérieur des volets des sabords, qui, relevés sur sa lisse blanche comme la neige, s'y découpaient en losanges de pourpre.

Mais il fallait avoir sa tournure, sa figure, sa beauté, pour porter de telles choses; il fallait enfin être *la Salamandre!*

Car je me rappelle qu'un jour, à Caiao, une corvette anglaise voulut singer la toilette de la Française; mon Dieu! si vous l'aviez vue auprès, cette pauvre Anglaise, elle était si ridicule, que ça faisait pitié. Pauvre Anglaise!

Et pourtant c'était bien le même rouge aux sabords, la même échancrure aux perroquets, mais il lui manquait ce je ne sais quoi, cette distinction, cette *Race* aristocratique, si peu commune chez les corvettes et chez les femmes!

Oui, on voit bien, ma jolie *Salamandre*, que vous attendez votre nouveau maître! quel goût d'ajustements! quelle recherche de minutieuse propreté!

Comme votre pont est blanc et net! comme vous tenez votre mâture droite et alignée! Quelle symétrie dans vos manœuvres arrondies avec art! Comme vous vous drapez voluptueuse sous les plis ondoyants de vos basses voiles!

Mais que vois-je? comment! coquette, vous avez sorti votre bel écrin! vous avez mis vos étincelantes garnitures de haches d'armes, votre ceinture de caronades en bronze à batteries d'acier qui flamboient comme des diamants! Mon Dieu, que je suis ébloui! Jusqu'à vos hunes qui ont leurs colliers de pistolets à crosse de cuivre, et leurs tromblons évasés à la moresque qui vous donnent un air si mutin.

Et puis, vous vous êtes couronnée de tous vos pavois, qui émaillent l'azur du ciel des nuances les plus vives et les plus variées : c'est le bleu des Anglais, le rouge des Turcs, le jaune des Espagnols, le blanc et bleu des Hellènes, le vert et blanc du Chili ; que sais-je encore, moi ? En vérité, ma jolie *Salamandre,* vous êtes toute chatoyante d'acier, d'or, de couleurs et de lumière !

Et pourquoi tous ces brillants apprêts, je vous prie ? Pour recevoir ce digne et bon marquis de Longetour, qui a abandonné pour vous son tranquille comptoir, sa méchante femme, son existence heureuse et oisive, ses dominos, son café, ses modestes habitudes.

Hélas! hélas! je crains bien, folle libertine que vous êtes! je crains bien que ce pauvre homme ne soit mené, conduit, tourmenté, perdu par vous, peut-être. Lui si doux, vous si hautaine ; lui si peureux, vous si intrépide ; lui si chaste, si timide, vous si impertinente, si amoureuse, faisant les doux pavillons à tous les navires que vous rencontrez.

Hélas! encore hélas! je crains qu'il n'y ait entre vous et lui une bien grande incompatibilité d'humeur, comme on dit, et que vous ne l'obligiez peut-être à former une demande en séparation.

Car enfin vous voudrez garder votre brave et fier amant Pierre Huet. Pauvre ! pauvre marquis !

Et s'il devenait amoureux de vous ? car vous vous êtes faite belle aujourd'hui : vous ne l'aimez pas, et pourtant vous voulez le séduire !

En vérité, les corvettes et les femmes sont des démons incarnés.

Au fait, jamais *la Salamandre* n'avait été si bien, si piquante. Tous ses flambarts et ses nouveaux marins amenés par Paul étaient galamment habillés de pantalons blancs, de vestes bleues à boutons à l'ancre; puis leurs ceintures rouges tranchaient avec la blancheur des chemises brodées en bleu au collet, qui, rabattu sur la veste, laissait voir des cous bruns et vigoureux. Enfin un petit chapeau à forme très-basse, à bords très-étroits, couvert d'une coiffe blanche serrée par un large ruban noir, complétait leur habillement uniforme.

Les maîtres, contre-maîtres et quartiers-maîtres se reconnaissaient aux galons, dont leurs manches et leurs collets étaient garnis.

Le plus grand silence régnait à bord; il était neuf heures, et on avait annoncé le marquis pour neuf heures et demie.

Aussi l'état-major était rassemblé sur le pont.

Pierre et les officiers militaires, vêtus du grand uniforme de la marine — à retroussis écarlates, et brodés d'or aux manches et au collet— portaient, au lieu d'épée, un poignard attaché par des cordons de soie.

Le bon docteur avait les insignes de son grade brodés sur du velours rouge; et le commissaire portait les siens, en argent, sur drap bleu.

Paul, lui, était fier comme un enfant, de son aiguillette d'or et du beau poignard à manche de nacre que son père lui avait donné.

— Ne voyez-vous pas quelque chose, maître timonier? demanda le lieutenant.

— Oui, lieutenant; voici, je crois, un canot portant le pavillon attaché qui double la pointe.

— Enfin nous allons connaître notre commandant! dit Pierre en prenant la longue vue. Oui, c'est bien lui. Monsieur Merval, faites mettre tout le monde à son poste de combat pour recevoir le capitaine.

Ce qui fut fait.

— Est-il gras ou maigre? demanda le docteur à Pierre.

—Ma foi! je n'en sais rien. A cette distance-là, vois toi-même.

— Il me paraît bien maigre! dit tristement le docteur après avoir regardé. Mauvais signe, pour la table s'entend.

— Allons, allons, Messieurs! à vos postes, dit le lieutenant ; le canot approche et va accoster tout à l'heure.

—En effet l'embarcation, montée par douze vigoureux matelots, décrivit un grand cercle avant que d'aborder, et vint, avec une justesse merveilleuse, perdre son aire, son élan, juste au pied de l'échelle de tribord.

A ce moment, Pierre parut au haut, à l'entrée de la coupée. Le sifflet de maître La Joie retentit, le tambour battit aux champs, on hissa la cornette, et deux belles tire-veilles, garnies de drap écarlate, furent jetées le long du bord pour faciliter l'ascension de l'ex-débitant, qui avait déjà ôté trois fois son chapeau et paraissait fort embarrassé pour monter.

CHAPITRE XIX.

L'INSPECTION.

Tu le connais bien; il a ses manières. Tu comprends?
RAYMANN.
Bien! bien! je comprends.
SCHILLER, *les Brigands.*

— Mes compagnons, qu'en dites-vous?
— Hum! hum! oh! oh!
— Je suis de votre avis.
BURKE, *la Femme folle.*

M. Formon, marquis de Longetour, pendant la longue station qu'il avait faite derrière son comptoir, s'était un peu négligé sur la gymnastique maritime : aussi paraissait-il fort embarrassé pour monter à une échelle dont les échelons, appliqués sur les flancs du navire, laissaient à peine la place de poser le bout du pied.

Pourtant s'aidant de deux tire-veilles, ou cordons qui pendaient de chaque côté, il commença sa périlleuse ascension. Arrivé à la moitié de l'échelle, il fit un faux pas, glissa, et se fût infailliblement tué s'il n'eût eu la présence d'esprit de se cramponner aux cordages. Mais n'ayant plus de point d'appui, il resta suspendu, et tournoya dans les airs.

Alors un matelot de l'embarcation lui remit respectueusement les pieds sur l'échelle, et il put, grâce à ce secours inattendu, arriver sur le pont.

— Quelle diable de manœuvre fait-il donc? disait le vieux Garnier ; est-ce qu'il essaie si les tire-veilles sont solides? Mais décidément il paraît bien maigre!

— Je vous salue, Messieurs. Mais votre escalier n'est pas commode.

Tels furent les premiers mots que l'ex-débitant adressa aux officiers réunis sur le pont de la corvette.

M. de Longetour était emprisonné dans un bel uniforme tout neuf, avait un chapeau tout neuf, des épaulettes toutes neuves, une épée toute neuve. Oh oui! toute neuve, toute couverte de cette légère couche humide et grasse

qui atteste de la pureté virginale de l'acier.—
Il était rayonnant, radieux, éblouissant ainsi,
M. Formon, marquis de Longetour!

— Non, ma foi! votre escalier n'est pas commode, répéta-t-il encore en saluant les officiers.

— Nous sommes désolés, commandant, répondit Pierre, de n'en avoir pas d'autre à vous offrir; mais permettez-moi de vous présenter l'état-major de la... Ah! mon Dieu! prenez donc garde, commandant : vous allez tomber dans la cale.

C'était M. de Longetour qui, en reculant trois pas pour se donner une contenance, s'était approché de l'ouverture du grand panneau, et allait probablement disparaître au milieu du discours de Pierre sans ce charitable avertissement.

— Commandant, reprit Pierre, si vous voulez vous donner la peine de descendre dans votre galerie, j'aurai l'honneur de vous présenter nominativement vos officiers.

Mais le commandant était tellement étourdi de tout ce qui venait de se passer, qu'au lieu de se diriger vers l'arrière, il se précipita vers l'avant du navire, suivi de l'état-major qui ne concevait rien à cette bizarrerie.

— Il va voir probablement les cuisines? dit le docteur. Allons, c'est d'un bon naturel!

Enfin l'ex-débitant, se souvenant qu'autrefois la galerie se trouvait à l'arrière, après avoir fait le tour de la Corvette, revint auprès du couronnement.

Il est vrai que cette promenade put passer aux yeux de l'équipage pour une inspection

Le lieutenant descendit alors, et précéda son supérieur dans la batterie où était situé le logement du commandant.

Le digne marquis entra chez lui, et fut fort étonné du luxe qu'il y trouva.

— C'est très-gentil, tout ça! dit-il à Pierre, fort gentil! Mais, voyons! présentez-moi, je vous prie, Messieurs les officiers.

Pierre commença :

— M. de Merval ; enseigne de vaisseau.

— M. de Merval enseigne... Enseigne?... Ah! j'y suis : nous appelions ça autrefois capitaine de flûte, je crois. Et nous portions alors, autant que je puis me le rappeler, nous portions l'habit bleu et la veste, bordés d'un galon à la Bourgogne; l'été, Sa Majesté nous accordait la faveur de porter du camelot. C'était, ma foi! bien frais. Enchanté, M. de Merval, de faire votre connaissance!

Et le bon marquis salua.

Pierre et le docteur échangèrent un coup-d'œil de surprise. Pierre continua la nomenclature.

— M. Paul Huet, aspirant de première classe, faisant le service d'officier à bord.

— Mais vous vous appelez Huet aussi, vous, lieutenant?

— Oui, commandant; c'est mon fils.

— Ah! bah! charmant jeune homme! ah! il est aspirant! Nous nommions cela... attendez donc... ah! j'y suis! gardes du pavillon de la marine. Nous avions alors un habit bleu de roi, doublé de serge écarlate ainsi que les parements et le justaucorps, le bas écarlate, le chapeau à la mousquetaire, le ceinturon façon de peau d'élan, doublé et piqué de fil d'or, boucles unies. C'était, pardieu! d'un fort bon air! et ce joli garçon-là eût été très bien ainsi! — Ah çà ! dit le brave commandant en frappant légèrement la joue de Paul; ah çà ! nous sommes bien sages? papa est-il content?

Paul rougit, contint avec peine une forte envie de rire, et salua.

Pierre continua :

— M. Garnier, chirurgien-major de *la Salamandre*.

Le vieux docteur s'avança.

— Ah! ah! monsieur le docteur, ravi de vous connaître! J'espère que nous nous verrons comme amis, mais voilà tout! car j'ai une peur enragée de vos outils!

— Pourtant, commandant, tout à l'heure, en vous voyant faire vos tours au bout des tire-veilles, j'ai bien cru que nous allions faire tout-à-fait connaissance.

Ceci fut dit malgré les coups d'œil et les signes réitérés du lieutenant, qui redoutait la franchise de Garnier.

— Le fait est, docteur, reprit le commandant, le fait est que j'ai assez drôlement pirouetté.

— Oh! mais très drôlement, commandant; nous en avons ri comme des bossus!

Ici Pierre devint rouge de colère.

— Tant mieux! j'aime qu'on s'amuse et qu'on soit gai!

— Oh! mais...

Le lieutenant interrompit le docteur qui allait riposter au commandant, et présenta le commissaire.

— M. Gabilot, agent comptable, commissaire du bord.

— Agent comptable! dit le commandant qui n'était pas au bout de ses souvenirs d'autrefois; agent comptable! bien... nous appellions cela officier de plume. Ils étaient habillés de gris, collet de velours cramoisis et bas cramoisis.

— Monsieur le commandant est trop honnête! répondit l'administrateur, trop bon de se souvenir de ces détails; et, à ce sujet, je saisirai l'occasion de manifester mon dévouement pour la famille régnante que la Providence nous a rendue, que la Providence...

— Mais taisez-vous donc, commissaire, dit

le docteur à demi-voix en interrompant l'administrateur ; on vous parle bas cramoisis, et vous répondez Providence ! C'est bête à manger du foin.

L'ex-débitant ne voulut pas être en reste, et reprit :

— Personne plus que moi, Messieurs, ne la vénère et la respecte, cette famille que la Providence nous a rendue, je lui dois d'ailleurs le plaisir de vous connaître, et j'en suis enchanté ! Vous m'avez l'air bien bons enfants ! Ah çà ! j'espère que nous nous entendrons bien ? et je me sens déjà disposé à vous aimer, à vous aimer tous, à vous porter dans mon cœur comme mes enfants... Ah çà ! nous nous soutiendrons, n'est-ce pas ? et vous m'aiderez de vos conseils, car j'en aurai bien besoin, voyez-vous. Enfin, mes amis, pour finir par un mot qui doit trouver de l'écho dans tous les cœurs, — vive, vive le roi ! cria le bon marquis, ému jusqu'aux larmes et jetant son chapeau en l'air.

Le commissaire partit alors d'un tel éclat de voix, d'un cri royaliste tellement inattendu et éclatant, que le docteur en fit un bond furieux.

Le lieutenant était au supplice. Il s'approcha du marquis, et lui demanda s'il voulait voir la corvette plus en détail.

— Non, non, mon ami, nous verrons cela plus tard. Mais, avant, je voudrais dire deux mots à ces braves qui sont là-haut.

Et il monta suivi de ses officiers.

Le sifflet de La Joie fit faire silence, et le marquis prit la parole.

— Mes braves amis, le roi m'envoie pour vous commander, et je ferai tout pour mériter cette faveur. J'espère que nous nous entendrons bien aussi, nous autres.

Pierre toussa très fort en regardant le marquis.

Celui-ci continua nonobstant :

— Et vous serez tous mes enfants.

— Eux aussi ! dit Garnier. Ah çà ! mais c'est pis qu'une mouette avec ses petits.

— Car, mes amis, reprit l'ex-débitant, vous verrez que votre vieux commandant est un bonhomme qui ne fera de mal à personne, entendez-vous? à personne, et qui, au contraire, se mettrait en quatre pour vous... et qui vous soutiendra si on voulait vous faire quelque chose.

Et le digne homme commençait à pleurer d'attendrissement.

Pierre s'approcha et lui dit tout bas :

— Assez, assez, commandant; laissez-moi achever.

Et au fait, les marins, peu habitués à ces larmes, commençaient de ricaner et de chuchoter.

— A la bonne heure, dit le marquis en s'essuyant les yeux.

— Matelots, reprit Pierre, le commandant me charge d'ajouter que, tout en désirant vous rendre heureux, il veut que la discipline la plus sévère règne toujours à bord ; il entend que les moindres fautes soient punies comme par le passé. Il m'ordonne de vous dire que vous le trouverez dur et inflexible, si vous ne vous montrez pas dignes de votre ancienne réputation. Rompez les rangs !... Marche...

— Que la bordée qui n'est pas de quart retourne aux fers.

La figure des marins reprit son expression d'insouciance et de résignation, que l'éloquence du marquis avait un peu déridée, et ils se dirent en descendant aux fers :

— Avec son air bon enfant, il paraît tout de même que c'est un vieux rageur, que le nouveau. As-tu entendu ce qu'il a dit au lieutenant de nous héler? C'est encore un loup de mer, ça, un dur à cuire. Faut pas s'y faire mordre!

Pauvre marquis, ils te jugeaient bien mal, mon Dieu!

— Mon cher lieutenant, dit le commandant à Pierre, maintenant voulez-vous un peu descendre chez moi? j'ai à vous dire deux mots.

— J'ai moi-même à causer avec vous, commandant.

— Voyez comme cela se trouve, dit l'ex-débitant.

Et ils descendirent.

CHAPITRE XX.

RÉVÉLATION.

> Le roi est infaillible.
> *Charte.*

— Avant tout, mon cher lieutenant, dit le marquis, je vous demanderai la permission de quitter ce diable d'uniforme, car en vérité j'étouffe là-dedans.

— A votre aise, commandant.

— Ah! je suis libre enfin. Comme c'est lourd!... Et l'épée, et le diable de chapeau qui me fait loucher... C'est qu'au fait il y a si longtemps, mon cher ami, que je suis bourgeois, bon bourgeois, que j'ai perdu tout-à-fait l'habitude du *harnois*, comme on dit.

— Il y a donc longtemps que vous n'avez navigué, commandant?

— Ah! s'il y a longtemps... je le crois bien. Mais, mon ami, il faut, voyez-vous, de la franchise avant tout. Ainsi, écoutez-moi :

En 90, j'émigrai en Allemagne, et j'y restai jusqu'en 1805 ; je sollicitai alors de l'Empereur la faveur de rentrer dans le grade de lieutenant, que j'avais lors de la révolution. Il me refusa net, prétextant, ce qui était vrai, que j'avais dû me rouiller un peu, vu que Vienne ne pouvait passer pour un port de mer. Mais un de mes parents, le duc de Saint-Arc, alors chambellan de Bonaparte, obtint pour moi une régie de tabac. C'était une compensation.

— Un bureau de tabac! Comment, Monsieur! c'est d'un bureau de tabac que vous sortez? s'écria Pierre avec un étonnement douloureux.

— Oui, mon cher. Mais attendez donc. Ma foi! je me trouvais fort bien de mon nouvel état; tranquille, obscur, ayant oublié mon ancienne fortune; mon titre, des espérances qui ne devaient plus se réaliser, je vécus ainsi jusqu'au moment de la Restauration. Alors vint la loi qui reconnaissait le temps de service des officiers émigrés soit pendant l'émigration, soit pendant l'usurpation: ce qui me fut d'abord bien égal. Mais j'ai une diable de femme, lieutenant, un démon incarné, ajouta-t-il à voix basse, comme si, même à bord, il eût craint d'être entendu par Élisabeth. Or, ma diable de femme s'imagina d'écrire à mon cousin le duc de Saint-Arc, qui, de chambellan, s'était naturellement transformé en gentilhomme de la chambre. Par le plus grand des hasards je me trouvais possesseur de quelques papiers de famille fort importants pour lui : ma diable de femme, mon démon de femme les lui proposa. Il accepta, et, par reconnaissance, me fit remettre en activité et donner un grade supérieur à celui que je remplissais avant la révolution. Vous pensez bien, mon bon ami, que je refusai.

— Eh bien ! alors, commandant !

— Eh bien! alors, mon ami, mon enragée de femme fit tant et tant, qu'elle me força d'accepter; elle répondit malgré moi au ministre, et m'aurait amené elle-même ici si le bon Dieu ne m'avait pas fait la grâce de lui envoyer une pleurésie qui la retient à Paris.

— Ah! Monsieur, Monsieur, prenez-y garde : vous êtes dans une position bien dangereuse, je vous en avertis; car enfin vous avez tout-à-fait oublié votre état.

— Tout-à-fait, mais tout-à-fait, mon cher.

— La manœuvre?

— Aussi.

— La théorie?

— Tout de même.

— Il est alors inutile de vous parler de la tactique, de l'astronomie?

— Mais comment diable voulez-vous que j'aie appris cela? car avant la révolution j'étais bien jeune, et, ma foi! les plaisirs..... Vous concevez..... Je vous le répète : comment voulez-vous que j'aie appris ça dans mon bureau?

— Mais alors, Monsieur, il en est temps encore, refusez..., refusez.... Vous jouez votre vie et celle d'un équipage de bons et braves marins, Monsieur, encore une fois, refusez.

— Refusez..., refusez... C'est bien facile à dire. Et ma femme ?

— Mais, cordieu! votre femme, à ce que je vois, porterait mieux que vous les épaulettes.

— Entre nous, mon ami, c'est très vrai : et c'est pour cela que je ne puis refuser sans son consentement; et elle ne me le donnera jamais.

— Mais enfin, Monsieur, que comptiez-vous donc faire en acceptant ?

— Ma foi! mon cher! j'avais deux partis à prendre : faire le capable, ou avouer mon ignorance. En prenant le premier, je ne pouvais pas jouer mon rôle huit jours de suite; en prenant le second, j'avais la chance de rencontrer un galant homme comme vous, — et le marquis tendit la main à Pierre, — de lui tout avouer, de lui demander ses conseils et de me confier à sa générosité.

La colère de Pierre tomba devant cette franchise. Ce pauvre vieillard avait l'air si humble, si repentant, si embarrassé, que le bon lieutenant répondit :

— Votre confiance ne sera pas trompée, Monsieur, et je vous sais gré de votre aveu. Je dois pourtant vous avertir que ce n'est pas à vous, que je connais à peine, mais à vos épaulettes, qui, pour moi, représentent un signe, un grade qui doit toujours rester sans tache; que c'est à ce grade que je me dévoue, Monsieur. C'est un fanatisme, je le sais; mais tant que Pierre Huet vivra, ses soins, ses espérances, sa vie, et jusqu'à son honneur, s'il le fallait, tout sera sacrifié pour que l'honneur de notre marine, de notre pavillon, ne soit pas souillé, et pour qu'un officier portant des épaulettes de commandant soit respecté et respectable aux yeux de son équipage ; car, sans cela, Monsieur, il n'y a pas de subordination possible. Pour exiger l'obéissance passive et absolue qui est l'âme de la navigation, Monsieur, il faut qu'au moins le grade représente le courage et le savoir aux yeux des matelots. C'est pour cela que dorénavant je mettrai tous mes soins à vous empêcher de paraître déplacé dans le poste que vous occupez. Mais encore une fois, Monsieur, vous vous êtes mis de gaîté de cœur dans une bien fatale position.

— Enfin, lieutenant, que voulez-vous que j'y fasse, moi ? C'est fait maintenant : ainsi...

— Eh ! Monsieur, je le sais. Malheureusement, le mal est irréparable. Vous êtes noble, appuyé, protégé : j'écrirais au ministre pour lui exposer le véritable état des choses, qu'on me traiterait de bonapartiste et qu'on me renverrait. Or, j'aime mieux veiller moi-même au salut de la pauvre *Salamandre* et de mes flambarts. Ainsi, Monsieur, c'est entendu. Mais, par grâce, pas un mot de manœuvre, et surtout ne contrariez jamais mes ordres ; et, dans un cas que vous verriez pressant, faites semblant de me dire deux mots à l'oreille, et j'aurai l'air d'exécuter vos ordres.

— Oui, lieutenant, dit l'autre avec soumission.

— Pour commencer, vous allez signer un ordre du jour que j'écrirai, par lequel vous témoignerez de votre satisfaction à l'équipage.

— Oui, lieutenant.

— Et puis vous accorderez le pardon des hommes aux fers.

— Oui, lieutenant.

— Il faudra aussi donner double ration de vin à ces braves gens, pour votre bien-venue. C'est l'usage.

— Oui, lieutenant.

— Et surtout gardez-vous, une fois en mer, de monter sur le pont pendant le mauvais temps; vous me gêneriez. Seulement, vous me ferez appeler pour être censé me communiquer vos ordres.

— Oui, lieutenant.

A ce moment le vieux Garnier entra.

Alors Pierre, saluant le marquis de Longetour, lui dit de l'air le plus respectueux :

— Vous n'avez plus d'ordres à me donner, commandant?

— Des ordres ! reprit l'ex-débitant; c'est au contraire vous.... Non, non, je n'en ai plus. Ah! c'est-à-dire, nous avons des passagers, entre autres M. de Szaffie, qui va à Smyrne, et la corvette est mise à sa disposition ; ensuite madame et mademoiselle de Blène, sa nièce, qui vont aussi à Smyrne rejoindre M. de Blène, banquier immensément riche, m'a-t-on dit. Ces trois personnes mangeront à ma table ; quant à leur logement, je ne sais....

— J'y veillerai, commandant.

— Et moi, commandant, dit le vieux Garnier, je viens réclamer pour mes enfants : le poste des malades est placé tout-à-fait à l'avant de la batterie, et les pièces de chasse me gênent horriblement. Si le commandant voulait donner des ordres à ce sujet ?

— Mon vieil ami, reprit Pierre en voyant l'embarras du marquis, le commandant, auquel j'ai parlé de cet arrangement, m'a dit ce qu'il désirait faire à ce sujet ?

— Oui, oui, c'est convenu, docteur, repartit le marquis ; mais j'espère, Messieurs, que vous voudrez bien dîner avec moi aujourd'hui ?

— Nous aurons cet honneur, commandant, répondit Pierre, en saluant avec respect et subordination son supérieur.

Il sortit avec Garnier.

— Eh bien ! il a l'air assez bon enfant, dit le docteur ; mais il ne me fait pas l'effet d'avoir eu souvent les yeux piqués par l'eau des lames du cap ?

— Tu te trompes, mon vieil ami, tu te trompes : c'est un homme solide, qui connaît, je crois, fort bien son affaire, mais qui, m'a-t-il dit, a l'habitude de tout faire commander par son second, qui n'est que son porte-voix ; et c'est assez désagréable....

— Ma foi ! oui ; mais enfin si c'est un marin, c'est déjà beaucoup. Nous avions tant de peur d'avoir un âne !

— C'est ce qui te prouve, bon docteur, qu'il ne faut douter de rien. — Eh ! mais, que vois-je ? une embarcation, et bien garnie, ma foi ! Voilà de jolies malades, heureux docteur.

— Vraiment ! ce sont nos passagers, dit Garnier en courant à l'escalier avec l'agilité d'un jeune homme.

Ce fut l'enseigne Merval qui reçut respectueusement madame et mademoiselle de Blène, qui furent introduites auprès du commandant par Pierre Huet.

Mais tâchons d'expliquer le fanatisme de Pierre pour le grade, qui paraîtrait outré pour ceux qui ne connaissent pas toutes les exigences de la vie maritime.

Cette abnégation inconcevable pour un signe conventionnel n'aurait pas besoin de commentaire, si l'on savait à quel degré était alors, et est encore porté aujourd'hui dans la marine, le point d'honneur, l'esprit de corps.

Et de fait ce fanatisme, — si c'en est un, — a sa logique positive et irréfragable.

La manœuvre et les mœurs nautiques veulent que le despotisme le plus absolu règne à bord, veulent que l'obéissance y soit passive et instantanée ; car, à terre, dans une armée, l'exécution d'un ordre hâtée ou retardée d'une minute, d'une seconde, ne peut rien entraîner de bien fâcheux. — A la mer, la moindre hésitation peut amener la perte d'un bâtiment, corps et biens.

On comprendra donc que, s'il existe le plus léger doute sur la capacité du chef suprême dont les officiers subalternes ne sont que les échos, cette confiance aveugle qui fait braver tous les périls, sera altérée, refroidie ; au lieu d'obéir au premier mot, on discutera les ordres, et bientôt le doute, l'insubordination et la révolte viendront briser cet admirable échafaudage de la hiérarchie maritime basée en droit sur le courage et le savoir.

Ainsi Pierre, en se dévouant au grade du marquis, pensait autant à lui et à ses camarades, qu'à son commandant ; car du jour où l'influence morale du chef est méconnue, que devient, je vous prie, celle des inférieurs ?

Et cette influence n'est-elle pas la question vitale, le pivot, la base de la société nautique ? N'est-elle pas le puissant levier au moyen duquel un seul meut et gouverne la destinée, l'existence de cinq cents hommes ? A terre, le sol ne manque jamais au soldat ; il voit où on le conduit, les villes, les montagnes, les forêts, sont des guides ; en mer ce sont des étoiles inconnues, des observations astronomiques au dessus de leur intelligence qui conduisent les matelots. Pas un mot, une question au sujet de la route. — Allez, — il va; — arrêtez, — il arrête; — risque ta vie au bout d'une vergue? — il la risque. — Où est-il, où va-t-il, il n'en sait rien; il n'a pas le droit de craindre un écueil lors même qu'il serait au milieu des brisants. — Et il passe des mois, des années dans cette ignorance, emporté par la tempête, bercé par le calme, sans savoir où la tempête l'emporte, où le calme le berce.

Et puis, pour les matelots, un hamac dur et étroit, une nourriture grossière, une eau corrompue, le travail et les coups, pour eux une batterie sombre où ils sont entassés et privés d'air, tandis que pour leur commandant, c'est un appartement vaste et commode, les recherches du luxe le plus raffiné, les mets les plus délicats, dont ils respirent l'odeur avec délices, les pauvres marins, en mangeant de la viande salée et le biscuit, alors que les valets de leur supérieur transportent son repas dans une riche vaisselle!

Ne faut-il pas, je le répète, que ces gens, dont la force numérique est hors de toute proportion avec la force numérique des officiers qui les commandent, ne faut-il pas que pour excuser une telle disparité d'existence, pour se résigner à la vie la plus grossière et la plus fatigante, pour jouer cent fois leur vie sur un mot, sur un signe, ne faut-il pas que ces gens aient le respect le plus profond pour leurs chefs, la confiance la plus entière dans son courage et son savoir, qu'ils aient enfin la conscience intime de leur infériorité et de sa supériorité, et qu'à la subordination ils rattachent l'idée de leur conservation personnelle?

Et cette conscience, ils l'ont instinctive, parce que l'homme reconnaît toujours involontairement la supériorité de l'esprit sur le corps; ils ont cette conscience, les matelots, parce qu'ils sentent qu'ils ne sont que le bras qui exécute, tandis que le commandant est la tête qui pense et qui conçoit. Ils ont cette conscience intime, je le sais; mais par cela même que cette croyance à la haute capacité de leur chef impose aux marins une aussi profonde soumission, une croyance opposée amènerait aussi des résultats effrayants.

C'est ce que Pierre avait compris, car il craignait que l'équipage, s'apercevant de l'incapacité du marquis, ne le désignât, lui, Pierre, pour le remplacer, et Pierre, avec ses idées arrêtées sur la discipline, avec la connaissance qu'il possédait du cœur du peuple marin, savait que cette première atteinte aux droits du chef amènerait nécessairement la ruine de tous les autres; car en matière d'attaque contre la hiérarchie militaire, c'est comme un collier dont on a ôté la première perle. Toutes les autres glissent et se perdent.

On pardonnera, je l'espère, cette bien longue et bien aride digression; mais elle était, je crois, nécessaire pour l'intelligence complète du caractère de Pierre, qui n'est pas une abstraction mais un fait, un protrait psychologique dont nous pourrions citer vingt originaux.

Au bout d'une heure, Paul revint d'une corvée qu'il avait été faire sur la côte. Il monta; mais, arrivé sur le pont, il devint pâle, ses yeux se troublèrent, et il fut obligé de s'appuyer contre le bastingage. Il voyait Alice! Alice, à bord de *la Salamandre!*

CHAPITRE XXI.

LES PASSAGERS.

> Chose étrange ! belle comme elle était, elle ne se doutait pas, malgré ses dix-sept ans, qu'elle fût belle, ou brune, ou petite, ou grande : jamais elle n'avait pensé le moins du monde à elle-même.
> BYRON, *Don Juan.*

> Comment ! tu as bien voulu venir t'ennuyer avec nous ?
> MARC-C..., *les deux Frères.*

Il est doux de se dire : — Ce cœur est à moi, mais tout à moi ! — car avant que de m'appartenir, il n'avait jamais battu, jamais le rouge n'était monté aux joues de cette jeune fille, jamais son œil humide ne s'était voilé, jamais elle n'avait eu à fuir une pensée obsédante ; jamais, rêveuse, elle n'avait oublié les heures, ou caché sa tête dans le sein de sa mère.

Hélas ! hélas ! en vérité, ces cœurs-là, ces

vierges-là ne se trouvent guère que dans les couvents ou dans les harems.

Car dans nos mœurs, dans notre Paris, la fille de dix-huit ans la plus sage, la plus surveillée, la plus chaste, la plus vertueuse, la plus confiante en sa mère, la plus méprisante envers ses femmes, a eu combien, et combien d'amours, mon Dieu !

D'abord de trois à cinq ans, — les femmes commencent si jeunes — amour de poupée, amour de chaque minute, amour de nuit, amour de jour : sans comparasion aucune, de tous c'est le plus vif. — de cinq à dix ans, amour de *petit mari* à *petite femme*, amour que les grands parents tolèrent et encouragent; car rien ne les amuse autant que les scènes de jalousie, de tendresse et de bouderie en miniature. — A douze ans, amour d'écolière à maîtresse de dessin et de piano ; sa main douce et blanche se promène si gracieuse sur les touches, ou fait si élégamment glisser le crayon sur le vélin ! Il est si poli avec la gouvernante qui assiste toujours à la leçon ! — A quinze ans, amour du voisin d'en face, du surnuméraire frais et blond qui apparaît vermeil à sa lucarne au milieu des vertes guirlandes de capucines et de gobéas. — Depuis seize jusqu'à dix-huit, oh! c'est alors une débauche complète! Oh! des myriades d'amour de myriades de danseurs de chaque hiver, blonds, bruns, pâles, colorés, grands, petits, spirituels, niais ou stupides. C'est à faire frémir!

Amours toujours chastes, je le sais, ne se trahissant pas même par le regard, si vous voulez ; mais amours *pensés, véniels*, comme on dit ; mais amours qui altèrent prodigieusement cette fraîcheur de sensations, cette virginité d'émotions délicate et insaisissable, comme le duvet d'une fleur ou d'un fruit.

Étonnez-vous donc, après cela, de trouver, sous l'aile maternelle, des filles de dix-huit ans déjà blasées, adroites et rusées à désespérer un juge, et qui n'ont pour répondre à votre passion — si par hasard vous aviez de la passion — qui n'ont plus qu'un amour menteur ; car le vrai, le naturel, elles l'ont usé depuis la poupée jusqu'à la valse.

Aussi combien l'âme d'Alice contrastait-elle

avec ces cœurs usés avant l'âge ! — Elle si pure, si primitive; elle qui n'avait été au bal que pour jurer de n'y plus aller; elle qui, élevée dans un couvent par une amie de sa mère, avait épuré son cœur au lieu de le flétrir ; elle qui n'avait aimé que Dieu, que le Christ ! Noble et sublime amour, tout de contemplation, tout ascétique, qui avait donné un inconcevable développement à son imagination jeune, ardente et chaste. Auprès de ce divin amour, que pouvait être pour elle un amour terrestre, commun et bâtard? car chez elle tout devait être extrême, comme dans toutes les âmes fortes, crime ou vertu, mais jamais de vices.

On le sait, Alice avait quitté son couvent avec peine ; mais l'idée d'un voyage sur mer et l'espoir de revoir son père avaient adouci ses regrets.

Arrivée à bord de *la Salamandre*, elle examina tout avec sa curiosité de jeune fille, et trouva dans Paul le cicérone le plus attentif et le plus zélé.

Car Paul n'était pas timide de cette timidité niaise qui est souvent la conscience des sots ou qui résulte d'une éducation fausse et gourmée.

Au contraire, l'aspirant était ouvert et confiant à l'excès. Il disait tout ce qui lui venait à l'esprit ; et, comme son père avait développé en lui les plus nobles sentiments, tout ce qu'il disait était empreint d'une élévation d'idées bien rares.

Et l'amour qu'il avait pour Alice ne changea pas cette disposition à la franchise, il l'augmenta. Pour ce cœur pur, l'amour était comme la vertu, un sentiment dont on devait être fier, un mot qu'on ne devait pas prononcer, mais un fait qu'il fallait prouver par le respect et le plus religieux dévouement.

Aussi Alice remarqua Paul, mais sans émotion ; elle le rechercha, mais avec calme ; elle l'entendait avec plaisir : c'était du bonheur et non du délire.

Deux jours après l'arrivée des passagères à bord de *la Salamandre,* Paul passait tout le temps que lui laissait son service avec Alice et Madame de Blène qui le trouvait charmant.

Et Paul leur disait toute son âme, parlait

de lui avec cette assurance candide, ce besoin d'épancher au dehors ce qu'il ressentait, qui est un des heureux priviléges d'une organisation neuve et intime ; il ne lui venait pas un instant à la pensée qu'il pût être importun ou ennuyeux, car cette confidence était à ses yeux une marque profonde de confiance et d'estime de sa part. Et il la jugeait ainsi parce qu'il eût été tout fier d'en inspirer une pareille.

Aussi leur disait-il toutes ses espérances, leur racontait-il ses campagnes, ses voyages avec une naïveté enchanteresse, leur parlait de sa pauvre mère avec des larmes dans les yeux et le sourire sur les lèvres, parce que le souvenir de son père venait changer cette poignante amertume en mélancolie douce.

Et Alice pleurait et souriait aussi ; et la bonne Madame de Blène disait, en essuyant ses yeux : — Allons, enfants ! parlons d'autre chose.

Et c'était alors Alice qui racontait sa vie à elle, son enfance, sa joie et ses peines ; son regret de quitter sa pieuse et sainte existence, son espoir de voir son père, son incertitude de l'avenir.

A ce mot d'avenir, Paul s'électrisait. Il disait le sien à lui : il serait tué ou amiral, il aurait de vaillants combats, des blessures, une grande renommée ; et tout cela, pour sa femme, ajoutait-il en rougissant.

— Et cette femme sera bien heureuse et bien fière de vous, disait Alice : vous êtes si bon, si noble! vous aimez tant votre père, Monsieur Paul !

Et quelquefois c'était le marquis de Formon, si peu capitaine de frégate, mais si bonhomme, le digne lieutenant, le vieux Garnier qui augmentaient le cercle ; et l'on causait, et l'on riait, et le docteur tourmentait le commissaire ; et l'enseigne Merval prodiguait ses soins à Alice, mais Alice n'y prenait pas garde.

Et tout allait pour le mieux, et Alice était heureuse, et tout le monde était heureux. Seulement on désirait bien de partir : mais il fallait attendre M. de Szaffie, aux ordres duquel le gouvernement avait mis la corvette pour aller à Smyrne.

CHAPITRE XXII.

LE PILOTE VERT.

> Je vais vous conter un conte. — Silence!
> WALTER-SCOTT, *Pévéril du Pic.*

C'était quelques jours après l'arrivée de Madame de Blène à bord de *la Salamandre*; ce soir-là la nuit était belle, belle comme une nuit de Provence ; seulement la lune se voila d'une teinte d'un rouge cuivre, et la chaleur devint presque subitement étouffante, car la faible brise qui apportait un peu de fraîcheur dans l'air s'éteignit tout-à-fait. Alors la mer fut calme, lisse et polie comme un miroir dans lequel se serait reflétée la singulière couleur de la lune.

Maître Bouquin, gravement assis sur la drôme, ayant à ses pieds, ou groupés autour de lui, les matelots de quart, était occupé à leur raconter une de ces merveilleuses histoires qui de tout temps ont charmé les ennuis du service.

Les uns, couchés sur le dos, les mains jointes, fermaient les yeux comme pour mieux savourer le miel des récits de maître Bouquin.

Les autres se serraient près de lui, les coudes sur les genoux, le col tendu, les yeux écarquillés, et semblaient absorber les paroles au passage.

Enfin quelques-uns, vrais sybarites, ne se contentant pas d'une seule jouissance, se partageaient entre leur pipe et la narration, qui, durant déjà depuis quelque temps, avait été interrompue un instant.

—Figurez-vous donc, enfants, disait maître Bouquin en remettant sa boîte à chique dans sa poche, après y avoir glorieusement puisé; figurez-vous donc que le Pilote Vert montait un vaisseau. Mais quel vaisseau! mes garçons! Les mâts d'un trois-ponts auraient été tout au plus bons pour servir de cabillots à ses râteliers. Enfin, une supposition : vous auriez eu à monter à la pomme de son grand mât, en montant par tribord et en redescendant par babord : eh bien! mes garçons, vous seriez partis mousses, n'est-ce pas? eh bien! vous seriez revenus tout vieux, tout vieux, avec des cheveux blancs. Oui, garçons : vingt-cinq ans pour monter et vingt-cinq ans pour descendre du grand mât!

Ici l'auditoire fit éclater sa surprise et son admiration par une gamme ascendante de jurons et de blasphèmes.

Maître Bouquin sourit, renforça la chique énorme qui gonflait sa joue, et continua :

— Pour lors, mes garçons, le Pilote Vert naviguait avec ça, il fallait voir! avec des tempêtes affreuses, des tremblements d'ouragan que le feu aurait pris à la mer. Il se couvrait de voiles comme nous avec des brises folles. Et quelles voiles! garçons, quelles voiles! le Pilote Vert aurait mis dans sa voile de petit perroquet une escadre de cent vaisseaux; il en aurait noué les quatre coins comme un mouchoir de poche dans lequel on met des marrons; et il vous aurait porté ça à la main, pas plus gêné que ça.

Pour lors, le Pilote Vert poursuivait donc le pauvre petit sloop, qui était blanc et or avec des voiles bleu-clair, et qui fuyait, qui fuyait, qui torchait de la toile à chavirer. Mais bah! le Pilote Vert avançait toujours en se poussant de fond, parce que l'Océan n'était pas tout-à-fait assez creux pour sa quille. Il avançait donc, mes garçons, comme je vous le dis, en se poussant de fond avec une gaffe. Vous jugez quelle gaffe! V'là qu'est bon, et que mon pauvre petit sloop blanc et or, avec ses voiles bleues, n'était pas à deux portées de canon du Pilote Vert, que, devinez ce qu'il fait, le petit gredin? y met en panne!

— C'te farce, dit l'un.

— Ah! le gueux! la s.... bête! le chien! dit un autre exaspéré de la sottise du petit sloop, en se dressant furieux sur le pont.

— Après tout, s'il est pincé, il n'aura que ce qu'il mérite, dit un autre moins enthousiaste.

— Pour lors, en voilà bien d'une autre! reprit Bouquin en bourrant sa troisième chique. Voilà que le Pilote vous approche tout près, tout près, pour jeter sur le pauvre petit sloop un hameçon gros comme dix mille fois la maîtresse ancre d'un trois-pont.

— Dieu de dieu! s'écria l'un.

— Ah! pour lors, oui; il allait vous le pêcher, le sloop, à la ligne, comme on pêche une sardine.

— Ah! scélérat, caïman, Parisien de Pilote Vert! dit l'un.

— Silence, donc! cria l'auditoire.

— Pour lors, mes garçons, il en approche encore un peu. Et remarquez bien que toutes les voiles du Pilote Vert étaient serrées, et qu'il se poussait de fond, parce qu'il ne faisait qu'une tempête ordinaire, et que ce vent-là n'était pas assez fort pour faire seulement vaciller ses voiles. Eh bien! voilà que tout-à-coup mon gredin de Pilote Vert commence à filer, à filer, à filer deux, trois, cinq, dix, quinze nœuds à sec de voiles et à reculons, car il avait viré lof pour lof pour pincer le petit sloop.

Ici l'étonnement et l'admiration, étant à leur point culminant, se manifestèrent par des regards ébahis et par des gestes expressifs.

— Pour lors, v'là qu'est bon, mes garçons! reprit Bouquin, enchanté de l'effet qu'il produisait; v'là qu'est bon; et vous jugez de la joie du petit sloop blanc et or avec ses voiles bleues. Le voilà donc qui hisse en signe de triomphe des pavillons à tous ses mâts; mais, mes garçons, ces pavillons, c'étaient des flammes de feu de toutes sortes de couleurs, qui allaient, qui venaient, qui brillaient que c'était superbe à voir.

Mais c'est pas tout, mes garçons. Sur son pont, qui était d'argent, il y avait des canons d'or que de très belles femmes, presque pas habillées que pour la pudeur, chargeaient avec des délicieux parfums en guise de poudre. Et, mes garçons, au lieu du gueux de sabbat que font nos pièces de 36 en crachant, les canons d'or du petit sloop, quand ils partaient, faisaient une musique superbe ; la fumée embaumait l'air, et la flamme du coup, c'était doux et frais comme le vent qui nous vient de là-bas, du côté des orangers.

— Dieu de Dieu ! dit un sybarite, j'aurais bien voulu être quatier-maître canonnier dans cet équipage de très belles femmes-là. Toutes les nuits j'en aurais mis deux aux fers dans mon hamac, pour la chose de la discipline, ou qu'elles auraient été fautives, quoique je ne les aurais pas chagrinées de service ! oh, non !

— Mais mords donc ta langue, Poirot ! cria l'auditoire.

— Et, mes garçons, reprit Bouquin, on voyait toujours dans le loin mon gueux de Pilote Vert qui filait, qui filait, qui filait toujours malgré lui.

— Mais comment donc ça, maître ?

— Voilà la chose, mes garçons, ; je vous ai dit que le petit sloop avait toutes ses ferrures en or pur.

— En or massive, maître ?

— Certainement, en or massive : c'est là le mérite ; et il n'y avait donc pas à bord du petit sloop un fifrelin de fer, pas une aiguille seulement...

— Mais les tailleurs, maître?

— Mais, animal, puisqu'on t'a dit que son équipage de très belles femmes n'était pas habillé que pour la pudeur! répliqua Poirot que cette circonstance avait singulièrement frappé.

— Pour lors, mes garçons, continua Bouquin qui s'arrangeait parfaitement des interruptions qui lui donnaient le loisir de faire de fréquents voyages à sa boîte à chique; pour lors, mes garçons, le Pilote Vert était plein de fer, lui, et le petit sloop, qu'était très bon marin, savait que par le 506ᵉ degré de latitude nord il y a, mes garçons, une montagne d'aimant, de pur aimant, de six mille lieues de tour.

— Ah! maître! dit l'un avec un accent d'incrédulité bien prononcé.

— Chien que tu es! si ce n'est pas vrai, alors pourquoi que nos boussoles, qui sont de pur acier, tournent toujours au nord?

Un énorme coup de poing, joint à cette raison irréfragable, fermèrent la bouche du sceptique, à la grande satisfaction de l'auditoire qui le hua.

— Pour lors, mes garçons, les navigateurs qui n'ont pas la précaution d'éviter la montagne d'aimant ou d'avoir toutes leurs ferrures en or pur, ce qui embêterait les armateurs et le gouvernement, parce que ça revient à très cher, voyez-vous? si, comme je vous le dis, ils n'ont pas la précaution de l'éviter, une fois qu'ils en sont à deux cent soixante-trois lieues et un quart ni plus ni moins, mes garçons, les vaisseaux commencent à filer, à filer, mais plus vite que ça, droit à la montagne d'aimant; et une fois qu'ils en sont à sept lieues, ils sautent hors de l'eau comme des poissons volants, et vont se plaquer à la montagne sur la ferrure de leur bout-dehors de plein-foc, comme des épingles sur une pelote. Et comme l'aimant ne peut rien sur l'or, ceux qui sont gréés en or s'en moquent pas mal! Voilà pourquoi que le Pilote Vert filait si vite, et que le petit sloop blanc en or restait en place. Malheureusement pour le petit sloop, voilà qu'il sort du fond de la mer...

A ce moment de son récit, maître Bouquin poussa un cri perçant :

— Sacredieu ! dit-il en portant avec vivacité la main à sa cuisse gauche ; enfants, il va se passer quelque chose dans l'air !

— Quoi donc, maître ? Est-ce que c'est le Pilote Vert qui vous hêle ça à l'oreille ?

— Non, cordieu, garçons ! c'est mon baromètre, ma cuisse ! Depuis ma dernière blessure, je sais le temps d'avance, et je puis vous prédire quelque chose de soigné pour bientôt ! Oh ! encore ! Allons, allons ! debout, garçons, debout ! Assez de contes comme ça ! Il s'agit de veiller au grain, et nous en frisons un fameux !

— Au fait, maître, comme la lune a une drôle de couleur !

Et Bouquin, sans répondre, descendit rapidement chez le commandant, où l'état-major et les passagers étaient réunis.

—Mesdames ! dit Pierre après avoir regardé par une des fenêtres de la galerie, il n'y a aucun danger ; mais descendez dans le carré de la corvette, c'est prudent.

Puis ayant fait signe au commandant de rester chez lui :

— Allons, Messieurs ! montons sur le pont voir ce dont il s'agit ; et je redescends prendre vos ordres, commandant, et vous rendre compte de ce que c'est.

Les dames se rendirent dans le carré avec le commissaire et le docteur ; le commandant resta chez lui, Pierre et les officiers montèrent sur le pont. Il était temps !

CHAPITRE XXIII.

LE TYPHON.

<blockquote>Tu arrives par un temps infernal, Étrik ?
BURKE.</blockquote>

Quand le lieutenant arriva sur le pont, le sifflet de maître La Joie avait déjà rassemblé l'équipage.

La chaleur était lourde et insupportable, et on entendait gronder le tonnerre, non à coups redoublés et retentissants, mais avec un bruit sourd, égal et prolongé, comme le roulement d'un tambour couvert d'un crêpe.

La couleur de la lune devint de plus en plus opaque, et elle disparut sous une espèce de vapeur violette, qui, s'étendant avec rapidité sur le ciel, le voila d'une terne demi-teinte, et donna un reflet pâle et rouge à tous les objets.

Et les longues lames qui, malgré le calme, se déroulaient pesamment sur la grève, dégageaient tant de lueurs phosphorescentes qu'elles semblaient couvrir d'une écume de feu les rochers noirs de la côte, qui gardaient dans leurs cavités des traces flamboyantes du passage des vagues.

Et les poissons, venant à la surface de l'eau, y glissaient, se croisaient et se fuyaient, en laissant, sur cette mer calme et polie, de longs sillages de flammes qui étincelaient en cercles, en lignes, en losanges rapides et éblouissants.

Et une forte odeur de bitume se répandit tout-à-coup dans l'atmosphère déjà imprégnée, surchargée de fluide électrique, et y dégagea une foule de miasmes sulfureux qui pétillaient comme des bulles d'air au fond de l'eau.

Et un éclair blafard sillonna le ciel, et un violent coup de tonnerre retentit au-dessus de la corvette.

— Messieurs les officiers, à vos postes ! cria le lieutenant. Maître, les chaînes du paratonnerre sont-elles en état? Assurez-vous-en, c'est d'une haute importance! Je crains une trombe d'air, un typhon, dit-il à Merval. Cette rade fait entonnoir. Ah! j'aimerais mieux un coup de cape! Mais la brise ne se fait pas, et j'aime mieux entendre le vent parler.

— Tout est paré là-haut! cria une voix de la hune du grand mât.

Le sifflet de La Joie répondit que c'était bien.

— Merval, dit le lieutenant, veillez à...

Ici Pierre fut interrompu par un violent coup de tonnerre accompagné d'un éclair lumineux, ardent, qui sembla enflammer l'électricité depuis longtemps accumulée et condensée autour de *la Salamandre*.

En un instant le sommet des mâts, l'embranchement des vergues, les chaînes de haubans, enfin tout ce qui offrait la plus petite surface de fer, fut surmonté d'une flamme bleue légère et rapide, qui, sans se fixer, voltigeait dans les ténèbres.

— C'est le feu Saint-Elme! dit le lieutenant. Veillez à la barre, timonier, car le temps devient bien noir.

En effet, l'air devenait tellement épais, tellement dense, l'obscurité si complète, qu'on ne se voyait pas.

— Allumez les fanaux ! cria Pierre.

Mais à peine ce commandement était-il prononcé, qu'une immense colonne d'air est portée sur la corvette avec la rapidité de la foudre et une détonation épouvantable.

La commotion fut affreuse ; *la Salamandre* s'inclina sous le poids du vent, se pencha, et déjà sa lisse de tribord effleurait l'eau.

Pierre se précipita sur la barre.

— Elle ne gouverne plus, commandant ! — s'écria-t-il comme s'il eût interrogé son chef. Puis il reprit : — Bien, commandant ! — A bas le mât d'artimon ! Coupez, La Joie, coupez tout !

La Joie courait chercher une hache. — Arrêtez... cria Pierre : Non, non, il gouverne... Brave navire ! brave *Salamandre !* disait-il en voyant la corvette se redresser noblement.

Et ce fut un grand bonheur, car à peine eut-elle repris son équilibre, que le typhon tomba sur elle avec toute sa violence, et semblait l'enfoncer au niveau de l'eau.

Les secousses étaient affreuses, saccadées le fluide électrique sillonnait le pont dans tous les sens, les canons paraissaient enflammés, et le navire était comme entouré d'une auréole de feu ; les mâts et les vergues semblaient les conducteurs d'une immense machine qui allaient puiser dans les nuages le bruit et les flammes. A ces terribles détonations se joignait une vibration métallique et perçante; les vergues craquaient sur leurs palans, et cette masse ignée paraissait d'autant plus éclatante que les ténèbres profondes entouraient et la mer et la côte.

Un moment, à la lueur funèbre qui entourait *la Salamandre*, on vit un canot qui faisait force de rames pour atteindre la corvette.

Mais on ne le vit qu'un moment, car ce terrible phénomène dura à peine deux minutes; la nuée électrique passa rapide et laissa la rade dans l'obscurité la plus complète.

Pas un seul mot n'avait encore été prononcé à bord, tant la surprise avait été violente.

lorsque ce silence fut interrompu par ces paroles :

— Ohé ! de *la Salamandre !* ohé !...

— Qui vive ? demanda le lieutenant.

— Officier... embarcation du port.

—Accoste, répondit-il. Puis s'adressant à La Joie : — Eh bien ! maître, est-ce que le typhon vous a rendu sourd ? n'entendez-vous pas ? Un officier... Allons ! allons ! aux tire-veilles.

En effet, La Joie, comme le reste de l'équipage, avait été paralysé un instant par cet incident si peu prévu. Peu à peu le calme revint; on monta deux fanaux de la batterie. Le sifflet du maître se fit entendre, et Merval s'avança à la coupée pour recevoir l'étranger qui arrivait par un si mauvais temps.

Le lieutenant était descendu chez le commandant, qu'il trouva couché sur son sopha, la tête sous les coussins, et dans un état à faire pitié.

Merval n'attendit pas longtemps ; l'étranger parut bientôt sur le pont, accompagné d'un officier de marine, d'un enseigne qui devait compléter l'état-major de la corvette.

Merval les salua; l'étranger lui rendit son salut, et lui dit : — Monsieur, je suis le passager qu'on attend : pourrais-je parler à votre commandant, et seriez-vous assez bon pour faire placer à bord mon valet de chambre et mes gens qui sont dans cette chaloupe ?

— Je vais donner les ordres nécessaires, Monsieur. Mais vous avez été bien heureux d'échapper à la bourrasque qui a pris une autre direction.

— En effet, c'est fort heureux, Monsieur. Mais veuillez me mener auprès du commandant.

Merval pria Paul de conduire le passager auprès du marquis.

Il était impossible de voir les traits de M. de Szaffie, car un grand manteau noir tout trempé d'eau de mer l'enveloppait presque en entier; seulement il paraissait de haute taille.

A peine l'étranger était-il descendu chez le marquis que Pierre reparut sur le pont.— Enfin, dit-il à Merval, voilà notre passager arrivé; et si la brise se fait, nous quitterons cette diable de rade. — Mais faites donc décharger cette chaloupe.

— J'en ai chargé votre fils, Monsieur, dit l'enseigne un peu piqué.

— Vous voulez sans doute parler de l'aspirant de service, répondit froidement Pierre, qui, selon son habitude et son rigorisme, isolait toujours les liens de la famille de la subordination et de la hiérarchie militaires. — Puisqu'il a manqué à son service, punissez-le, monsieur de Merval; vous êtes son supérieur.

Et le bon lieutenant lui tourna le dos.

Paul était descendu pour rassurer Alice et madame de Blène, que cet événement avait beaucoup effrayées, et qui étaient dans des transes horribles malgré les protestations du vieux médecin.

Au bout d'un quart d'heure le marquis monta sur le pont. — Ah! on respire au moins, dit-il, et j'en avais besoin. — Ah ça! lieutenant, nous partons demain matin : notre passager le veut ainsi.

— Ah! c'est différent, s'il a le pouvoir de commander au vent de se faire du nord-ouest.

— Mais si le vent le permet, mon ami; c'est bien entendu.

— Du reste, c'est possible : car le temps se dégorge, il tombe quelques grosses gouttes de pluie, et nous pourrions bien avoir du nord-ouest.

— Tant mieux. Avez-vous vu le passager ?

— Non, commandant.

— Il n'est pas causeur ; il m'a demandé son appartement, a fait venir son valet de chambre, m'a salué, et s'est retiré.

— Quelle figure a-t-il ?

— Mais très bien ; pâle, l'air un peu haut, un peu fier; de ces figures que... enfin il n'a pas ce qui s'appelle l'air d'un bon enfant.

— Ma foi, commandant, peu m'importe ; mais ce qui m'importe davantage, c'est que vous m'accordiez toute cette nuit.

— Pourquoi donc faire, lieutenant? J'ai une horrible envie de dormir.

— C'est possible ; mais vous ne dormirez qu'après avoir appris et m'avoir récité la manœuvre d'appareillage que vous commanderez peut-être demain ; il est impossible que vous vous en dispensiez.

— Mais je dirai que je suis malade.

— Avec le vieux Garnier c'est impossible ; il vous dirait, il vous prouverait que vous mentez.

— Mais...

— Il n'y a pas de mais, commandant ; ce sera ainsi. — Mon poste est à l'avant ; il faut que j'y sois. — Une fois l'ancre levé, je reviendrai vous trouver.

— Allons, comme vous voudrez, dit le bon Longetour en soupirant et disant à part lui : — C'est en vérité une autre Élisabeth que ce diable de lieutenant.

Et les matelots couchés dans les batteries, en voyant les lampes briller chez leur commandant, se dirent : — Il est enragé, ce vieux gueux-là ; il est à embêter le lieutenant sur la théorie, c'est sûr, pour voir s'il est fort sur la manœuvre.

— As-tu vu, dis donc, Poirot, comme il a ordonné tout de suite de couper le mât d'artimon, quand la corvette a eu l'air de ne pas gouverner? c'est un vieux dur-à-cuire qui ne boude pas.

— Et qu'est-ce qui dirait çà à le voir avec sa redingote fourrée et son bonnet de loutre? objectait un troisième.

—Enfin la coque ne fait pas le navire, comme on dit, et nous allons d'ailleurs le voir *travailler;* car on dit que c'est demain que nous filons notre nœud.

— Ma foi! tant mieux, car je commence à me scier ici.

Et bientôt, excepté les matelots de quart, l'équipage de *la Salamandre* fut enseveli dans un profond sommeil.

CHAPITRE XXIV.

MISÈRE.

> Comment! tu as bien voulu venir t'ennuyer avec nous ?
>
> MARC C..., *les deux Frères.*

La promenade que l'enseigne Merval faisait le lendemain matin de l'avant à l'arrière et de l'arrière à l'avant de la corvette fut interrompue par des cris perçants qui partirent de la poulaine.

— Qu'est-ce donc ? demanda l'enseigne au timonier.

— Rien, Monsieur. C'est qu'on *s'amuse* avec Misère; car le vilain rat sera sorti de la cale.

— Ah !... fit l'enseigne; et il continua sa promenade, après avoir recommandé de s'*amuser* moins haut.

La cale d'un navire est la partie la plus basse du bâtiment ; elle est dans toute son étendue divisée et subdivisée en plusieurs cavités, dans lesquelles on renferme les poudres, les cordages, le vin, le biscuit ; c'est enfin un immense magasin où l'on va puiser sans cesse ; c'est la ville souterraine qui nourrit la ville supérieure.

Ville peuplée d'un peuple à part; car les caliers qui l'habitent ne paraissent que très rarement sur le pont, sont voués aux travaux les plus pénibles, et arrangent leur existence au milieu de ces ténèbres éternelles.

Mais aussi, comme à terre et en mer, on a toujours prêté un pouvoir surnaturel aux gens qui vivent dans l'isolement ; à terre, ce sont les ermites, les bergers, qui jouissent du don divinatoire ; en mer ce sont les caliers.

— Quelqu'un sait-il l'avenir ?

C'est un calier.

— Quelque chose s'est-il égaré ?

On s'adresse au calier, soit comme adepte

de la science de l'avenir, soit comme très apte, selon les esprits forts, à connaître les lieux de recels, toujours fort multipliés dans les profondeurs du faux pont.

— Enfin, quelque singulier présage météorologique vient-il surprendre les matelots?

On en demande l'explication au calier, qui, aux dire des marins, n'est soumis à aucune influence étrangère, parce que, ne voyant jamais le ciel et ne connaissant rien au temps, il doit apporter la plus grande naïveté dans ses prédictions.

La *fosse aux lions*, partie réservée de la cale, est ordinairement l'habitation, le boudoir, le cénacle du maître calier.

Il en était ainsi à bord de *la Salamandre;* et maître Buyk le calier était tellement attaché à sa fosse et peu jaloux de jouir de l'air extérieur et de la vue de la nature, que, lorsqu'on passa la corvette au feu au lieu d'aller à terre, il demanda la permission de rester dans un ponton pendant le temps du radoub, et revint vite prendre possession de sa fosse, sitôt que la corvette fut sortie du bassin.

Or, maître Buyk, d'ailleurs devin fort habile et fort estimé à bord, participait, quant au moral, de la froide dureté du parquet de fer qui couvrait son plancher.

Voyez plutôt :

Sur un coffre assez bas un homme accroupi tenait sa tête dans ses mains. C'était maître Buyk.

Il portait pour tout vêtement un pantalon de toile grise, et pas de chemise, selon son habitude, vu la chaleur étouffante qui règne dans cet espace étroit et presque privé d'air et de jour.

Il paraissait d'une taille moyenne, maigre, mais merveilleusement musclé. La lueur du fanal qui éclairait la fosse ne jetait qu'une clarté douteuse et rougeâtre.

Il leva sa tête. Ses cheveux étaient gris et rares ; ses yeux creux et ternes ; ses pommettes saillantes ; et par négligence il portait sa barbe longue.

— Misère ! cria-t-il d'une voix forte.

On ne répondit pas.

— Misère ! Misère ! Misère !...

Silence.

— Misère! Misère! Misère! Misère!

A la quatrième fois une voix faible et éloignée répondit avec un accent de terreur :

— Me voilà, me voilà, maître... Me voilà...

Et la voix approchait en répétant toujours :

— Me voilà! me voilà!

Enfin un enfant de sept à huit ans saute d'un bond dans la fosse. — C'était Misère.

Maître Buyk était toujours assis. Il fit un signe de la main.

Misère sentit un léger frisson courir par tout son corps en allant prendre dans un coin de la porte une espèce de martinet fait de plusieurs bouts de corde à nœuds bien serrés. Il le présenta au maître.

Puis il se mit à genoux et tendit le dos.

Et c'était pitié que ce pauvre corps maigre, chétif, souffreteux, jaune et étiolé.

Maître Buyk parla :

— Je t'ai appelé quatre fois, et tu n'es pas venu.

Et quatre coups fortement appliqués fouettèrent l'enfant, qui ne poussa pas un cri, pas une plainte, se releva, prit le martinet, dont il s'essuya les yeux sans que le maître pût le voir, le remit au clou, et revint se planter debout devant le maître.

— A présent, dis-moi : Pourquoi as-tu tardé autant?

— Maître, on me battait là-haut.

— Tu mens ! tu jouais.

—Je jouais ! maître... je jouais ! mon Dieu ! je jouais ! Qui donc voudrait jouer avec moi ? dit le triste et chétif enfant avec un accent d'amertume indéfinissable. — Les autres mousses me battent quand je leur parle ; ils me prennent mon pain ; ils m'appellent rat de cale : Et tout à l'heure, maître, on m'a fouetté là-haut, parce qu'ils disent que dix coups de fouet à un mousse donnent du bon vent.—Oh ! maître ! allez, vous m'avez bien nommé... *Misère !* ajouta-t-il en soupirant, car il n'osait pleurer ; et tout son corps meurtri et bleu tremblait comme la feuille ; la chaleur était étouffante, et il avait froid.

— Quel temps fait-il donc ?

— Depuis hier, il vente du nord-ouest, maître.

— Et le vent du nord-ouest souffle toujours? demanda Buyk d'une voix tonnante.

— Oui, maître, dit l'enfant tout peureux.

— Il souffle du nord-ouest? répéta le maître tout pensif.

— Oui, maître.

— Qui te parle? Et ces trois mots furent accompagnés d'un soufflet.

Maître Buyk tomba dans une profonde méditation qu'il n'interrompit que pour faire des figures et des signes avec des cailloux, des bouts de cordes et son couteau.

L'enfant ne bougeait; immobile, craignant de s'attirer de nouveaux coups, retenant son haleine.

Et en vérité, Misère était bien à plaindre. Ce malheureux avait été embarqué à bord par pitié; sa mère était morte à l'hôpital, et maître Buyk l'ayant pour ainsi dire adopté, en avait fait son mousse, et lui faisait bien, je vous assure, payer le pain qu'il ne mangeait pas toujours, le pauvre enfant! Enfin Misère était si chétif, si souffrant, que, pour cet être maladif, il eût fallu de l'air, du soleil, des jeux d'enfant, bruyants et animés, une bonne vie joyeuse et insouciante, du repos et du sommeil. Lui, au contraire, ne quittait la cale que le moins possible, tant il redoutait les autres mousses, qui le pourchassaient, le tourmentaient et le battaient. Aussi le seul plaisir du misérable, c'était la nuit, pendant que son maître dormait, de se glisser comme une couleuvre sur le pont, de monter sur les bastingages, et de là dans les porte-haubans.

Alors sa pauvre figure souffrante s'épanouissait, frappée, ranimée qu'elle était par ce bon air marin ; il éprouvait un bonheur d'enfant à voir les lames bondir, bouillonner, et se briser sur l'avant du navire en l'inondant d'une clarté phosphorescente ; à regarder les étoiles briller dans le ciel, à écouter la voix de la mer, et à rester une heure sans être battu.

Mais ces moments de vif plaisir étaient courts et rares, tant il craignait de ne pas répondre à la voix terrible de maître Buyk. Aussi, par instant, le faible cerveau de ce malheureux se dérangeait. Alors, pâle et livide, un affreux sourire sur les lèvres, agrandissant ses yeux d'une manière horrible, il disait de sa petite voix grêle et stridente :

— *Le rat de cale a de bonnes dents, de bonnes dents, et il rongera la noix.*

Et en prononçant ces paroles inintelligibles, il tournait sur lui-même avec une effrayante rapidité ; puis enfin, épuisé, il tombait dans un sommeil léthargique, que son maître interrompait à grands coups de corde, le rappelant ainsi à lui-même.

Toujours est-il que maître Buyk lui ordonna d'aller chercher maître Bouquin.

Le mousse monta en soupirant dans la batterie, car il prévoyait ce qui l'attendait.

En effet, à peine parut-il, que ce furent des cris accompagnés de coups.

— Ah ! te voilà, rat de cale ! A toi, rat de cale ! criait l'un.

— C'est ce gredin-là qui mange les câbles et boit le goudron, disait un autre.

— Tiens, Misère, mets ça dans la soute aux coups de poing !

— Au rat! au rat! au rat!

Et tous les marins, et surtout les mousses de la batterie, hurlant, trépignant, poursuivirent Misère, qui semblait glisser entre les canons comme une couleuvre, tant la peur lui donnait d'agilité.

Enfin il grimpa sur le pont pour chercher maître Bouquin. Nouveau malheur : maître Bouquin causait avec le lieutenant sur l'arrière ; et il savait à quoi il s'exposait s'il eût mis le pied sur cette partie du pont réservée aux officiers.

Enfin le bonheur voulut que maître Bouquin finît sa conversation.

— Maître Buyk vous demande, maître Bouquin, dit le mousse.

— Ah! c'est toi, mauvais rat! J'y vais. Va lui dire, et empoigne...

Et maître Bouquin accompagna cette réponse d'un coup de pied, comme pour ne pas déroger à l'habitude contractée à l'égard de Misère, puis descendit dans la fosse aux lions en disant : — Que diable me veut-il, le vieux sorcier ? En voilà un qui peut se vanter d'être fameusement philosophe !

CHAPITRE XXIV.

PRÉDICTIONS.

> Trois fois j'ai consulté mademoiselle Lenormant. C'est une folle, mais elle dit de singulières et étonnantes choses.
> L'EMPEREUR ALEXANDRE.
>
> Je ne puis nier de surprenants effets de la seconde vue.
> WALTER SCOTT, *Ivanhoe.*

— Eh bien ! vieux caïman, tu veux donc faire un coup de gueule avec un ancien? dit Bouquin en entrant avec précaution dans le réduit du calier. — Mais sacredieu! ajouta Bouquin, il fait un noir dans ta cassine, un noir que si l'on y bidonnait on ne saurait pas si on a bu deux bouteilles ou si on en a bu quatre. Mais puisque tu parles de boire, dit-il au calier qui n'en parlait pas du tout, alors affale ici un bidon de n'importe quoi; car j'ai une toux sèche que le major m'a dit de soigner, et tu saisis que ce n'est pas dans mon intérêt, mais dans celui du major que nous chérissons tous comme un père, que je te demande à bidonner; car, avant tout, il faut adoucir mon estomac qui est souffrante, et ça lui fera honneur, au major.

Et comme preuve de son état maladif, maître Bouquin fit trembler, frissonner, résonner *la Salamandre* au bruit retentissant de ses vastes poumons.

Maître Buyk, absorbé dans ses calculs, ne répondit rien à Bouquin ; mais, allongeant le bras, il déposa près de son ami un glorieux bidon plein de vin.

Ce *silence* était trop du goût de Bouquin pour qu'il songeât à l'interrompre, et l'on n'entendit qu'un bruit sourd et mesuré comme celui d'une fontaine qui coule, preuve de l'empressement de Bouquin à mettre à couvert la responsabilité médicale du vieux Garnier.

Quand Bouquin eut vidé à peu près le bidon, s'adressant au calier :

— Ah çà! vieux, que diable me veux-tu?

— Écoute, Bouquin, dit l'autre avec une imperturbable gravité. Nous n'avons pas tiré l'horoscope du nouveau commandant, et ça se doit, puisque nous allons peut-être mettre à la voile aujourd'hui.

— C'est juste, dit Bouquin après avoir bu de nouveau et en faisant claquer sa langue contre son palais.

— Je t'ai donc fait descendre, Bouquin, afin d'avoir des renseignements sur lui. Va, je t'écoute, et tâche de te rappeler par quel vent il est venu à bord.

— Par une brise de sud-ouest à décorner les bœufs.

— Va toujours, dit le calier.

— Pour lors, c'est un grand, taillé en mât d'hune, qui porte des chaussons de lisière, une redingote jaune, et une casquette en poil, comme le portier de l'arsenal.

— Et il vient f.... comme ça sur le pont de *la Salamandre !* sur le pont d'une brave corvette de guerre ! dit le calier exaspéré.

— Pour ce qui est de ça, vois-tu, Buyk, je sens comme toi que c'est humiliant pour la corvette et pour l'équipage, qui n'est pas dressé aux redingotes jaunes.

— C'est un navire perdu, dit sérieusement le calier.

— Tu crois?

— Et le lieutenant, qu'est-ce qu'il dit de ça?

— Dam! il rage: d'autant plus que la vieille bête n'est pas commode et qu'elle a des dents. Ah! non, elle n'est pas commode avec ses chaussons de lisière; faut voir comme il tortille ça avec son air bon enfant. Et l'autre jour j'entendais le lieutenant dire très haut, comme pour que tout le monde l'entendît, que le commandant était un très bon, mais un très bon marin, seulement qu'il n'en avait pas l'air. Et au fait, il a plutôt l'air de l'oncle à défunt Giromon qui donne de l'eau bénite à la porte de Saint-Louis.

— C'est étonnant.

— Et que le maître de timonerie, qui a vu un point que le commandant a fait, dit que c'est crânement bien entendu; et ça nous passe, nous autres, car si tu l'avais vu arriver à bord, il avait l'air de ces bourgeois qui viennent en rade pour voir les navires, et qui vous demandent un tas de bêtises. Pourtant c'est un vieux rageur, un dur-à-cuire ; faut pas s'y frotter.

— Son nom ?

— Et c'est un noble avec ça ; un *rentrant*, le marquis de Longetour.

— Ainsi, dit le calier, son nom commence par une L, il est venu par un vend de sud-ouest, et il est arrivé à bord ?...

— Un vendredi.

— Un vendredi !

— Et au lieu d'aller d'abord vers l'arrière, il a tout de suite été du côté de l'avant !

— Diable !

— Et quand on a hissé le pavillon, la drisse a fait trois nœuds !

— Oh !

— Et c'était treize jours avant la trombe, par laquelle que le passager que nous menons à Smyrne est arrivé... Tu sais, ce bel homme qui a l'air si fier ?

— Et sept jours avant que ce pavure Giromon ait été assassiné par ces gueux de mangeurs d'huile.

— Sept jours...

— Ah! j'oubliais : le jour même où M. Paul est tombé dans le panneau du faux pont et a manqué se tuer.

A ces mots, maître Buyk fit un bond furieux sur son coffre.

— Assez ! assez ! s'écria-t-il ; assez, Bouquin ! pauvre corvette ! pauvre *Salamandre!* Vois tu, Bouquin ? ce marquis-là c'est la mort de la corvette, et, en disant de la corvette, je dis de M. Paul ; car l'un ne peut aller sans l'autre, puisqu'il est né le jour où elle a été lancée à l'eau. Oui, c'est sa mort, à ce pauvre M. Paul, qui, je vous l'ai dit cent fois, est son ange gardien. Oh! pauvre *Salamandre,* dit tristement Buyk. Moi qui t'ai vu lancer ; moi qui ai été lancé avec toi, puisque j'étais déjà installé dans ma fosse aux lions, tu n'en as pas pour bien longtemps encore.

— Ah ! bah, matelot, tu barbottes.

— Je barbotte! dit sévèrement le calier, je barbotte!... Était-ce vrai ou non quand, avant le combat de la corvette avec la frégate anglaise, je vous avais prédit que, si *la Salamandre* avait une avarie majeure, M. Paul en aurait une aussi, et, bien plus, aurait la même? Eh bien! quelle a été l'avarie majeure de *la Salamandre?*

— Dans les œuvres vives; dans le flanc à babord, au-dessous du neuvième sabord. Je le vois comme si j'y étais; et même que j'ai bien cru que nous allions boire.

— Eh bien! n'est-ce pas au flanc et à babord, c'est-à-dire au côté gauche, que le pauvre M. Paul a été blessé? Quand je vous dis, entêtés que vous êtes, que ce qui arrive à l'un doit arriver toujours à l'autre, et que ton marquis causera la perte de tous les deux. Mais il y a une chose à faire, une seule...

— Laquelle, matelot?

— C'est d'envoyer le commandant par dessus le bord, voir s'il peut s'habituer à vivre avec les poissons, et si les nageoires lui pousseront!

— C'est pas une idée ridicule; mais pour

ça, vois-tu, vieux, il y a là-haut quelque chose qui gêne.

— La Providence?

— Quelle bêtise! Du tout. Le lieutenant, qui nous ferait arranger la tête à la sauce aux cartouches, et qui ferait un manger délicieux pour les requins.

Et puis, vois-tu, maître Buyk, si ça est, ça sera, comme disait cet Ottoman avec lequel j'ai bu à Alexandrie, malgré sa... chose... sa...

— Sa religion, tu veux dire.

— Oui, oui, sa religion, qu'il enfonçait pas mal, l'Ottoman. Et c'est fameux, tu avoueras, Buyk, pour former des novices au feu, par exemple, que la religion de l'Ottoman. On leur dit: — Si vous êtes blessés, vous le serez; sinon, non. En avant! et tape dessus. — Moi, je suis de l'avis de l'Ottoman, parce que c'est très-clair. Si nous laissons nos os ici, ils y resteront; si nous ne les laissons pas, ils n'y resteront pas... Quant à faire *baigner* le commandant sans le prévenir, c'est une farce dont je ne me mêle pas; et je ne t'engage pas même, mon matelot, à dire ça tout haut, parce que je suis sûr qu'il y a des garçettes à bord, et que je te soupçonne d'avoir de la peau sur les reins. Mais j'entends le sifflet du vieux La Joie. Tiens, qu'y a-t-il donc? Tout le monde sur le pont... Nous allons peut-être appareiller. A tantôt, vieux. Merci de la bonne aventure.

Et il laissa Buyk combiner de nouveau les renseignements qu'il venait d'avoir.

Et en effet on entendit à bord le bruit confus et agité qui remplit le navire, alors que tout l'équipage se hâte de monter sur le pont pour une manœuvre importante.

CHAPITRE XXV.

L'APPAREILLAGE.

Perfice gressus meos semitis tuis.
Psaume 16.

Ainsi que le lieutenant l'avait prévu, à la suite du typhon, la brise souffla du nord-ouest, Tous les préparatifs du départ et de l'appareillage furent faits ; et quand Bouquin parut sur le pont, l'équipage de *la Salamandre* y était rangé ; les gabiers dans les hunes ; l'enseigne Merval, Paul, veillaient au cabestan, et l'on n'attendait plus que le lieutenant et le commandant. Le vieux Garnier, le commissaire et les deux enseignes étaient fort occupés du nouvel arrivant, de M. de Szaffie.

— L'avez-vous vu, vous, docteur? demanda le commissaire.

— Oui, ce matin, un instant.

— Quel homme est-ce ?

— Un grand, dit le nouvel officier — un vieux enseigne appelé Bidaud, — un grand, l'air assez fier ; et puis... un regard... un drôle de regard.

— Les yeux gris comme Bonaparte, ajouta le docteur : c'est fort beau.

— C'est fort laid, interrompit Merval, qui vint prendre part à la conversation. — Je l'ai vu aussi moi, une minute, à la fenêtre de la galerie. Il a une tournure très-distinguée, une main de femme... mais je n'aime pas sa figure ; il a l'air fat et impertinent.

— Non, répéta le docteur : il a plutôt l'air ennuyé.

— Et on pourrait dire un peu dur, un peu méchant, dit Bidaud. Et pourtant, quelquefois, on le croirait très-bon enfant. Il n'est pas causeur, par exemple ; et puis quand il parle... je ne sais pas, mais on dirait toujours qu'il se moque de vous.

— Allons donc ! fit Garnier.

— C'est comme ça. Je l'ai amené de Toulon

ici, docteur. Eh bien! il me disait noir, je répondais noir, parce que ça me semblait noir ; et puis il me disait blanc, et ça me paraissait encore blanc... quoique le noir m'eût paru noir... et que le blanc...

— Ah! bien! dit le docteur en l'interrompant, monsieur Bidaud, je ne sais pas si c'est à cause du noir, mais ce que vous dites là est diablement obscur. — Avec son blanc et son noir, on dirait qu'il est gris, l'ancien. — Est-ce que vous comprenez, vous, Merval?

— Moi, pas du tout.

— C'est donc une charade, monsieur Bidaud? Alors le mot! le mot! cria le docteur.

Heureusement pour le pauvre M. Bidaud, le commandant et Pierre parurent sur le pont.

Le commandant, agrafé, serré dans son uniforme, pâle, abattu, l'œil éteint, dans un état à faire pitié ; puis le lieutenant qui lui dit, après l'avoir salué militairement :

— Commandant, je vais exécuter vos ordres.

Et Pierre se rendit à l'avant de la corvette, ordonna de virer un cabestan pour mettre *la Salamandre* à pic sur ses câbles, laissant le marquis seul à seul avec son porte-voix qu'il retournait dans tous les sens.

Il semblait au malheureux commandant que les yeux de l'équipage étaient fixés sur lui ; ses cheveux se dressaient, il avait des bourdonnements dans les oreilles, et il envoyait mentalement Élisabeth à toutes les légions de diables qui peuplent l'enfer.

La voix du lieutenant se fit entendre.

Voix cent fois plus horrible aux oreilles du marquis que toutes les trompettes du jugement dernier.

— Commandant nous sommes tout-à-fait à pic ! cria Pierre.

Le marquis eût voulu s'abîmer dans la mer ; le misérable ne se rappelait plus un mot de la leçon que Pierre lui avait donnée et répétée vingt fois pendant la nuit.

— Commandant, répéta Pierre, nous sommes à pic !

— Ah ! vraiment ! Eh bien !...

— Eh bien ! commandant ? demanda M. Bidaud.

— Eh bien !... Et le malheureux Longetour

tordait son porte-voix; il était en nage. Il voyait tout tournoyer autour de lui. Enfin il répondit avec effort :

— Eh bien! allons-nous-en.
— Plaît-il, commandant? dit l'autre.
— Oui, partons! partons!

Pierre n'y concevait rien, et cria encore.

— Mais nous sommes à pic, commandant. Est-ce que nous ne dérapons pas?

Cette interrogation fut un trait de lumière pour le commandant, qui se prit à crier de toutes ses forces :

— Dérapez! certainement si, dérapez tout de suite!

— Le malheureux ne se souvient de rien, se dit Pierre; il faut en avoir pitié. Et, s'approchant du commandant, il lui dit tout bas :

— Vous n'avez pas même de la mémoire; c'est une honte! Remettez-moi votre porte-voix, vite!... La corvette abat à contre vent.

— Mais, mon ami, je sais...
— Commandant! commandant! nous abattons sur babord! cria Merval avec une sorte d'effroi.

— Votre porte-voix, Monsieur! dit encore Pierre à voix basse.

— Mais pensez donc... aux yeux de l'équipage... Tenez... voilà que je me rappelle... Attendez donc... — Larguez!...

— Mais nous culons vers la côte, commandant, crient Merval et Paul.

— Vous m'y forcez, dit Pierre d'une voix étouffée; je me perds pour vous!

Et Pierre, ne se possédant plus, repoussa le marquis, s'élança sur le banc de quart, et cria :

— Range à larguer, border et hisser les huniers, toute la barre à tribord!

A cette voix bien connue, à ce commandement bref, accentué, l'équipage agit avec un ensemble inconcevable, comme s'il eût été mu par un seul et même ressort.

La corvette ne courait plus aucun danger, et commençait à revenir sur tribord. Pour aider son mouvement et rendre l'appareillage complet, il eût fallu faire border le grand et le petit foc. Pierre le savait mieux que personne : pourtant il ne commanda pas cette manœuvre, descendit du banc de quart et dit tout bas au commandant :

— La manœuvre est mauvaise, Monsieur ; mais le navire ne court aucun danger. Ordonnez de border le grand foc et l'artimon, de brasser babord derrière, en me faisant observer tout haut que j'ai oublié ce point important.

Le marquis, enchanté de prendre la revanche de son humiliation, emboucha son porte-voix, et cria ce commandement à peu près à la lettre. Il y eut bien quelques mots techniques d'écorchés ; mais l'équipage, habitué à leur ensemble, comprit parfaitement, et exécuta la manœuvre en se disant pour la première fois :

— C'était bien la peine que le lieutenant interrompît le commandant pour oublier ça ! A quoi pense-t-il donc ? C'est ce vieux gueux-là qui n'oublie rien. Oh ! il entend la machine. Mais le lieutenant a tout de même eu tort d'interrompre le commandant ; et il lui en cuira, c'est sûr.

La brise gonflant les larges voiles de *la Salamandre*, elle céda à leur impulsion, et eut bientôt doublé la pointe du golfe de Grimaud.

Une fois la corvette en route, le commandant, sur un signe de Pierre, descendit dans sa chambre, et fut bientôt rejoint par son lieutenant.

— En vérité, Monsieur! lui dit Pierre, il est inouï que vous ayez aussi peu de mémoire.

— C'est qu'aussi, lieutenant, c'est difficile en diable! Mais, grâce à vous, je m'en suis assez joliment tiré. Recevez mes remercîments!

— Il s'agit bien de remercîments, Monsieur! il faut, au contraire, me punir. Car, à cause de vous, pour la première fois de ma vie j'ai manqué à la discipline, en commandant à votre place sans que vous m'en eussiez donné l'ordre formel aux yeux de l'équipage.

— Mais c'était pour le bien du service, mon ami.

— Mais, Monsieur, c'est d'un exemple effroyable. Comprenez donc bien qu'un équipage se verrait sur des brisants, à deux doigts de sa perte, convaincu de périr, que pas un homme, pas un officier n'a le droit de changer un mot aux ordres du commandant. Comprenez donc,

Monsieur, que ce que j'ai fait, moi, dans un motif louable, peut être fait dans un motif criminel ; que c'est déjà un malheur pour la discipline, et qu'une sévérité excessive peut seule en atténuer l'effet dangereux.

— Mais il est singulier, mon ami, que vous vouliez m'obliger à vous punir quand...

— Vous voulez donc me faire mourir à petit feu, avec toutes vos objections, Monsieur ? Vous ne voulez donc pas comprendre qu'il ne s'agit pas de vous, mais de votre grade ? de cela ! cria Pierre en secouant avec violence l'épaulette du marquis ; de cela, Monsieur ! que c'est pour vous et pour nous une question de vie ou de mort ; que, si une telle faute restait impunie, encouragée par ce mauvais exemple, demain l'équipage discuterait nos ordres, murmurerait, se révolterait peut-être, nous menacerait, et ferait la course avec la corvette.

— Allons, allons ! ne vous fâchez pas, mon ami : je ferai ce que vous voudrez. Allons, voyons ! vous serez puni, là, puisque ça vous fait plaisir.

Pierre haussa les épaules de pitié.

—Croyez-vous donc, Monsieur, qu'il ne soit pas pénible, cruellement pénible, à mon âge, d'être porté sur le journal du bord comme insubordonné ; moi, Monsieur, qui suis fanatique de la subordination ! Mais peu importe, car l'exemple d'une punition sévère infligée à un officier pour une faute de discipline est salutaire pour l'équipage, et ne peut que rendre plus profond chez lui le respect inaltérable qu'il doit avoir pour la subordination. Et pourtant, Monsieur, ce que vous allez écrire sur ce journal, et par mon ordre, brisera peut-être les seules espérances d'avancement qui me restent !

— Eh bien ! alors ?

— Eh bien ! Monsieur, je sais sacrifier tout cela à l'honneur du corps auquel j'appartiens, et ma conscience me paie largement. Vous êtes en vue, vous, Monsieur, et moi je suis obscur; s'il y a cinq cents lieutenants de vaisseaux, il n'y a que cinquante capitaines de frégate, qui doivent être, aux yeux des matelots, des hommes purs et choisis. D'ailleurs, Monsieur, une tache paraît plus sale sur l'habit brodé d'un commandant que sur le frac bleu d'un officier subalterne.

— Mais, mon Dieu ! puisque je vais vous punir, que diable voulez-vous de plus ?

— C'est bien heureux ! dit Pierre.

Et le marquis, écrivant sous la dictée du lieutenant, consigna dans son journal l'acte d'insubordination de Pierre, qui avait osé, en plein pont, interrompre les ordres de son commandant, et qui, pour ce méfait, avait été condamné à quinze jours d'arrêts forcés.

Le même fait fut consigné à bord du journal de l'état-major. On jugera de l'importance de ces deux journaux quand on saura qu'ils sont scrupuleusement conservés à bord, et envoyés au ministre à l'arrivée du bâtiment en France, pour servir de renseignements sur la conduite des officiers et de preuves historiques à l'appui de la traversée et de la mission que le bâtiment avait à remplir. — Enfin, le vendredi, 15 août 1845, *la Salamandre* sortit de la rade de Saint-Tropez sur les onze heures du matin ; et à cinq heures du soir, on ne distinguait déjà plus les hautes terres de la Corse.

LIVRE V.

CHAPITRE XXVI.

BUENO VIAGE.

> Jeune ou vieux, imprudent ou sage,
> Toi qui de cieux en cieux errant comme un nuage,
> Suis l'instinct d'un plaisir ou l'appel d'un besoin,
> Voyageur, où vas-tu si loin?
> N'est-ce donc pas ici le but de ton voyage?
> VICTOR HUGO, *Ode XIV.*

> Ah! vous croyez être heureux? — Me voici.
> MATHURIN, *Bertram.*

Glisse, vole, rapide sur la mer azurée, chère et digne *Salamandre!* Adieu France, adieu! Adieu belle Provence, aux orangers si doux, aux couteaux si aigus, au climat si tiède et si voluptueux, aux habitants si hospitaliers! adieu encore, adieu!

Tu vas à Smyrne, brave corvette, à Smyrne,

splendide ville d'Orient, ville d'or et de soleil, ville aux kiosques verts et rouges, aux bassins de marbre remplis d'une eau limpide et parfumée, aux frais ombrages de sycomores et de palmiers, ville de harems et de paresse, ville d'opium et de café, ville complète s'il en fut!

Oh! la vie d'Orient! la vie d'Orient! seule existence qui ne soit pas une longue déception! car là ne sont point de ces bonheurs en théorie, de ces félicités spéculatives; non! non! c'est un bonheur vrai, positif, prouvé.

Et qu'on ne croie pas y trouver seulement une suite de plaisirs, purement matériels. C'est au contraire la vie du monde la plus spiritualisée, comme toutes les vies paresseuses et contemplatives. — Car enfin connaissez-vous un Oriental qui ne soit pas poète? ne puise-t-il pas la poésie ou l'ivresse? — car l'ivresse est de la poésie accidentelle — ne puise-t-il pas la poésie à trois sources: dans son Narguilek, dans sa tasse et dans son Taïm?

La poésie du Narguilek, poésie aérienne,

diaphane et indécise comme la vapeur embaumée qui s'en exhale. C'est une harmonie confuse, un rêve léger, une pensée que l'on quitte et qu'on reprend, une gracieuse figure qui apparaît quelquefois nue, quelquefois demi-voilée par la fraîche fumée du tabac levantin.

Puis la poésie du café, déjà plus forte, plus arrêtée. Les idées se nouent, s'enlacent, et développent, avec une merveilleuse lucidité, leur éclatant tissu. L'imagination déploie ses ailes de feu, et vous emporte dans les plus hautes régions de la pensée. Alors les siècles se déroulent à vos yeux, colorés et rapides, commes ces rivages qui semblent fuir quand le flot vous emporte. Alors les hautes méditations sur les hommes, sur l'âme, sur Dieu; alors tous les systèmes, toutes les croyances: on adopte tout, on éprouve tout, on croit à tout. Pendant ce sublime instant d'hallucination, on a revêtu tour-à-tour chaque conviction; on a été le Christ, Mahomet, César, que sais-je, moi?

Enfin la poésie de l'opium, poésie toute fanlastique, nerveuse, convulsive, âcre, dernier terme de cette vie poétique qu'elle complète. Ainsi ce que Faust a tant cherché, ce qui a damné Manfred, l'opium vous le donne. Vous évoquez les ombres, les ombres vous apparaissent. Voulez-vous assister à d'affreux mystères? alors c'est un drame infernal, bizarre, surhumain, des êtres sans nom, des sons indéfinissables, une angoisse qui tuerait si elle était prolongée, et puis, toujours maître de votre faculté volitive qui sommeille. D'une pensée, vous changez ce hideux tableau en quelque ravissante vision d'amour, de femmes ou de gloire.

Et puis, après avoir plané dans ces hautes sphères et goûté ces sublimes jouissances intellectuelles, vous prenez terre dans votre harem. Là une foule de femmes belles, soumises, aimantes; car, fussiez-vous laid et difforme, elles vous aiment : là des plaisirs sans nombre, variés, délicats et recherchés. C'est alors la vie matérielle qui succède à la vie intellectuelle. Alors plongé dans l'engourdissement de la pensée qui se repose, vous devenez stupide, inerte; tous vos sens dorment, moins un, et cet *un* s'accroit encore de l'absence momentanée des autres : aussi êtes-vous heureux, comme un sot; et vous savez le bonheur des sots, *bonne Deus!*

Et ceci n'est pas une vaine théorie, une utopie faite à plaisir.

Le tabac ne trompe pas, le café ne trompe pas, l'opium ne trompe pas; leur réaction sur notre orgasme nerveux est positif et physiologiquement prouvée et déduite. Il faut que notre organisation morale cède à leur influence : tristes ou gais, heureux ou malheureux, nos sensations intimes s'effacent devant une bouffée de tabac, dix grains de café ou un morceau d'opium.

Les femmes de votre harem ne vous trompent pas non plus. C'est un fait que leur peau fraîche et satinée, que leur chevelure noire et soyeuse, que leurs dents blanches, que leurs lèvres rouges : ce sont des faits que leurs caresses ardentes et passionnées; car, élevées au sérail, vous êtes le seul homme qu'elles aient vu et qu'elles verront jamais.

Ainsi, si votre tabac, votre café et votre opium sont de qualité supérieure, si vous êtes assez riche pour mettre six mille piastres à une Géorgienne, trouvez-moi donc une seule déception dans cette existence toute intellectuelle, dont le bonheur entier, complet, ne repose pas sur des bases fragiles et mouvantes comme le cœur d'une femme ou d'un ami, mais sur des faits matériels que l'on achète à l'once et qu'on trouve dans tous les bazars de Smyrne et de Constantinople!

Et c'est dans ce pays par excellence que tu conduis toute cette honnête société que tu berces dans ton sein, ma digne *Salamandre!*

Depuis cinq jours le ciel te bénit, car il est impossible d'avoir une mer plus calme, une brise plus favorable; de mémoire de marin, on n'avait vu un temps aussi égal.

Le bon marquis s'habituait parfaitement à sa nouvelle existence. Pierre ordonnait la route, Pierre faisait les observations astronomiques, Pierre dirigeait la manœuvre, Pierre veillait à la rigoureuse discipline du navire; en un mot Pierre faisait tout, mais toujours de façon à mettre son commandant en relief, lui laissant l'honneur de ce qui était bien, en cela admirable ministre responsable d'un roi infaillible.

Le vieux Garnier tourmentait toujours le commissaire, jurait, blasphémait, tempétait après *ses enfants* quand ils avaient le malheur de cacher une souffrance. L'enseigne Merval, n'ayant pu réussir auprès d'Alice, faisait de l'amitié avec madame de Blène. Le nouvel officier Bidaud mangeait, était de quart, et dormait.

On le sait, Paul aimait Alice, lui : mais l'amour de Paul était profond et religieux, car le souvenir de sa mère se rattachait à toutes ses pensées et venait épurer et sanctifier cette passion : passion tellement liée à son existence qu'il y croyait comme à sa vie, que c'était sa vie, que, si, au milieu de cette joie qui l'inondait, il eût pu songer à mourir, il n'eût pas dit — mourir, — mais — ne plus être aimé d'Alice.

Enfin il s'était habitué à cet amour comme on s'habitue à exister, ne s'en étonnant pas plus qu'on ne s'étonne de vivre; et pourtant le pauvre enfant n'avait pas encore osé risquer un aveu, parce qu'il pensait que toute sa conduite était un aveu.

Alice, elle, recherchait Paul. Alice passait des heures à écouter Paul parler de ses projets, de son père, de son enfance. Les larmes lui venaient aux yeux en voyant cette âme si noble et si pure se peindre dans ses moindres mots. Alice admirait ce caractère si naïf, si plein d'illusions qu'elle partageait, ne croyant qu'à la vertu, et attribuant toujours le vice au hasard ou à la fatalité; et puis, si brave, si hardi! Paul, pour la voir quelquefois à la fenêtre de sa chambre, ne se suspendait-il pas au bout d'une corde, au risque de se tuer; et tout cela pour un coup-d'œil, un sourire, un signe de sa blanche main.

En vérité, je crois aussi qu'Alice aimait Paul; car elle était toute heureuse d'un bonheur calme et serein. Seulement elle eût voulu un aveu, la jeune fille; car elle surprenait souvent sa tante et le père de Paul échanger des regards singuliers. Elle eût voulu un aveu; car pour sa virginale ignorance, tout l'amour était là, dans le mot — je t'aime. — Jusque là c'était peut-être de l'amitié ; jusque-là elle pouvait douter. Et puis ce mot je t'aime — devait causer un tressaillement si vif, une émotion si profonde... Aussi la pauvre enfant ne soupirait qu'après l'aveu de Paul.

Quant au passager que l'on conduisait à Smyrne, M. de Szaffie, il avait fait une singulière impression à bord.

Jusqu'alors cette petite colonie s'était entendue à merveille ; chacun, comme on dit vulgairement, chacun avait fait son nid. On jouissait des qualités ; on excusait les défauts ; et ces mutuelles concessions rendaient la vie passable. Mais surtout ce qui caractérisait les rapports de cette société en miniature, c'était une confiance entière, un abandon sans bornes.

Du jour où Szaffie fut à bord, cet état de choses changea.

Non qu'il fût importun et tracassier ; il était au contraire impossible de rencontrer un homme plus poli, de manières plus nobles et plus distinguées, rempli de tact et de goût, prévenant, sans morgue, oubliant sa haute position, et par cela même en assurant l'influence.

Mais il y avait dans lui quelque chose d'inexplicable, de bizarre.

Il avait au plus trente ans. Sa figure était régulièrement belle, pâle et grave. Ses grands yeux avaient quelquefois une ravissante expression de grâce et de douceur, mais le plus souvent disaient un sentiment de tristesse amère et hautaine. Sa taille était élevée, svelte, admirablement bien prise; et le soin minutieux qu'il mettait à une toilette d'une simplicité élégante en eussent fait au physique un homme accompli, si ces misérables avantages extérieurs n'avaient pas été effacés chez lui par l'éclat de la bizarrerie de sa conversation, qui absorbait tellement qu'on ne pensait plus qu'à l'entendre.

Mais ces moments étaient bien rares. Quelquefois pourtant sa figure s'animait; ses joues se coloraient, et alors les idées les plus ingénieuses, les plus complètes, les plus neuves, jaillissaient en foule. C'étaient des oppositions tranchées, heurtées : des larmes et des rires ; la naïveté d'un enfant et la triste moquerie d'un vieillard ; quelquefois d'effrayants paradoxes, d'effrayantes vérités sur l'homme, sur la femme ; des railleries sanglantes sur le genre humain. Et alors, comme si l'auditoire lui eût manqué, il se taisait, retombait dans son silence, sa taciturnité habituelle, se levait et allait s'asseoir à sa place favorite, dans un canot amarré en dehors du couronnement de la corvette, où il passait des heures entières à méditer.

Cette bizarrerie était peut-être chez cet homme singulier la conscience de sa supériorité ; car rien ne lui paraissait étranger. Il avait parlé marine à Pierre. physiologie au vieux Garnier, peinture à madame de Blène, musique à Alice, mais toujours avec un ton si froid, quoique d'une exquise politesse, avec une indifférence si marquée pour la personne avec laquelle il s'entretenait, qu'on éprouvait une sorte de répulsion d'autant plus pénible que la première impression que Szaffie faisait éprouver tendait à vous rapprocher de lui.

Toujours est-il que sa présence comprimait la gaîté et l'abandon. Une fois qu'il était sorti, les poitrines se dilataient, le sourire reparaissait sur les lèvres.

Or, cinq jours après le départ de France, il était assez tard; on avait servi le café dans la galerie du commandant, qui avait convié une partie de son état-major; et justement Szaffie venait de quitter l'appartement pour monter sur le pont.

Jamais sa raillerie n'avait été plus mordante, plus cruelle. Jamais il ne s'était d'abord élevé à une telle hauteur de sarcasme foudroyant, puis descendu à une philosophie plus douce et plus consolante; de façon que, sa pensée se neutralisant par ces deux systèmes, il avait laissé la société dans un état de doute et de stupeur inconcevable.

— Diable d'homme! où va-t-il chercher tout ça? dit le bon marquis en frappant sur ses cuisses.

— Je n'y comprends pas un mot, à cet être-là, reprit le docteur. Il vous attriste ou vous console; on l'aime et on le hait; tout cela en moins d'un quart d'heure. Je voudrais bien le voir malade, car c'est au lit qu'on juge les hommes à fond. Oh! s'il pouvait tomber malade!

— Et puis, dit Alice, il y a un tel dédain, une telle assurance dans ses expressions, qu'il paraît vouloir imposer à tous ses convictions, qu'elles soient fausses ou raisonnables. Quant à moi, je suis loin de les partager toutes. Il y en a surtout qui montrent une âme bien ulcérée... ou bien affreuse. Ne trouvez-vous pas, monsieur Paul?

— Mais oui, Mademoiselle. Comme vous, je trouve que quelquefois il montre les hommes bien en laid. Et je le plains; car il ne sait pas voir tout ce qu'il y a de beau, de noble et de grand en eux. Les crimes et les vices, ce n'est que l'ombre du tableau. Mais, tenez, s'il connaissait mon père seulement, il ne douterait plus de l'humanité, dit l'enfant, qui fut payé de sa croyance filiale par un sourire d'Alice.

— Le fait est, ajouta madame de Blène, qu'il a dans le regard quelque chose de saisissant dont on ne se rend pas compte.

— Pour moi, reprit Alice, je le répète : je suis sûre que c'est un homme bien méchant ou bien malheureux.

Et elle resta pensive et rêveuse.

— Peut-être tous les deux, dit le vieux docteur; et c'est ce que je saurai si le bon Dieu m'entend et lui envoie une bonne gastrite.

— Ce n'est, ma foi! pas ce qu'il mange qui le rendra malade, toujours! dit le marquis. Excepté une espèce de pilaw à la turque que lui fait son cuisinier, il ne mange rien; et il ne boit que ce diable de breuvage que son valet de chambre lui apprête : du thé froid mêlé avec un peu de vin de Champagne.

— Quel ragoût!... dit le docteur. C'est peut-être, voyez-vous, qu'autrefois il a trop vécu, commandant.

— Que voulez-vous? ajouta philosophiquement le marquis? on ne peut pas être et avoir été...

— Et pourtant, commandant, nous allons faire une partie d'échecs, et nous en avons fait une hier. Répondez à cela.

— Ma foi! docteur, je répondrai : jouons...

Et ils s'installèrent au damier, tandis que madame de Blène prit sa tapisserie.

Paul était sorti pour prendre son quart. Alice s'appuya sur la fenêtre pour contempler le soleil qui se couchait pur et flamboyant à l'horizon.

Szaffie aussi contemplait le soleil couchant.

FIN DU PREMIER VOLUME.

www.ingramcontent.com/pod-product-compliance
Lightning Source LLC
Chambersburg PA
CBHW071245160426
43196CB00009B/1176